Linear G

© Hedra, 2010
© Gilberto Mendonça Teles, 2010

Dados Internacionais de Catalogação na Publicação (CIP)

Teles, Gilberto Mendonça.
Linear G – São Paulo : Hedra : 2010. 150 p.
ISBN 978-85-7715-194-3

1. Literatura brasileira 2. Poesia I. Título
                                  CDD 869-0(81) CDU 890

Catalogação elaborada por Wanda L. Schmidt – CRB8-1922
Índice para catálogo sistemático:

1. Poesia : Literatura brasileira   896-91

Capa: Renan Costa Lima
Edição: Iuri Pereira
Assistência editorial: Bruno Oliveira
Programação em LaTeX: Marcelo Freitas
Revisão: Iuri Pereira

Direitos reservados em língua
portuguesa somente para o Brasil

EDITORA HEDRA LTDA.
R. Fradique Coutinho, 1139 (subsolo)
05416-011 São Paulo SP Brasil
Telefone/Fax (011) 3097-8304
editora@hedra.com.br
www.hedra.com.br

Foi feito o depósito legal.

Linear G
Poemas 2002–2009

Gilberto Mendonça Teles

hedra

São Paulo, 2010

— *Antes de mais nada invoco a Terra [Γ = G (gue)], primeira que tem o dom de conhecer antecipadamente.*

Pitonisa de Delfos, apud *As eumênides*, de Ésquilo

— *A Linear A, que aparece por volta de 1600 a.C. é formada de signos mais abstratos.*
— *A Linear B, escrita silábica, origina-se formalmente da anterior, sem que se possa precisar a data de sua aparição. [...] Desapareceu em torno de 1400 a.C.*

Louis-Jean Calvet

Sumário

Entre   13

I — AS UCRONIAS   15

Nos últimos 20 anos   17

A escrita   18

Inspiração   19

Musa   20

Poiema   22

Indefinição   23

Zircônio   24

Gavetas   24

O fim do mundo   25

Concha   26

Ars poetica   26

A coisa   28

O poeta   29

Visa   30

Vírgula   31

Gravura   32

Vis-à-vis   33

Binóculo   34

Psiu!   35

Triz	35
Pêndulo	36
Rendez vous	37
O sujeito	37
Leitura	38
Trilinguismo	39
Dislalia	39
Simplesmente	40
Biblioteca	42
Barra	42
Rodapés	44
Dez poemas gregos	49
Linear B	49
Relincho	49
Helena	50
Bósforo	50
Metamorfoses	51
Epidauro	52
Homero	53
Atenas	53
Prefácio	55
Hino aos poetas líricos arcaicos	55

II — AS EUTOPIAS   63

Ruas	65
Namoradas	69
Adolescente	70
Curso	71
Fingimento	72
Eólica	73
Sedução	73
O amor	74
Chuva de molhar bobo	76
Canção nasal	77
Ballet	78
Peixão	79
Viagem	79
Canção do jarro	82
Sociality	83
A casa	83
Receita dos 50 anos (de casado)	84
Alquiminha	85
Improviso	86
Madrigal	87
Beleza	88
Lilith	88
Casal feliz	89

Formação da consciência nacional	90
O estilo	90
Conto	91
Sigla	93
Os olhos	94
No talho	94
Opção	95
Travessão	95
Torna-viagem	96
De cócoras	96
Pontualidade	97
Prece	98
Balador	98
À maneira de	100
Glosa	102
En la Armuña	104
Vida	105
Retalhos	107
III — ÁRVORE DO CERRADO	**113**
Pau-terra	115
Planície central	116
Discurso d'água	116
No Araguaia	117

Salvo-conduto	118
In illo tempore	120
O pai	121
Encontro	122
Gambira	123
Paródia	124
Parque de diversão	125
História	125
Pitoresco	126
De bico	128
Fábula II	129
Dose dupla	130
"Di menor"	131
A outra	131
Ser goiano	132
Provincianas	133
Epitáfio	135
E-mail	136
Biobibliografia	139

Entre

Entre a esquerda e a direita,
                           as ucronias
e as eutopias do cerrado — uma árvore
crescendo para dentro, o entressonhado,
o entrelugar do novo, o entressentido,
o entrevisto no escuro
                           — a sua face
e equilíbrio no caos incandescente.

Entre a forma e seu antro na linguagem
o corte da entressafra
                           — o grão, a grande
germinação do tempo recolhido
à montanha discreta das raízes.

Aquém dos entretons, dos interlúdios,
vai-se criando a ordem na desordem,
quando coisas e nomes, entretidos,
reabrem o portal do imaginário.

E lá estão, nas dobras e entrelinhas,
o branco do intervalo, o azul, o corpo
a corpo da linguagem
                           — o entreato
do poema e seu murmúrio interlegente.

I — AS UCRONIAS

τό δοκεῖν καί τάν ἀλάθειαν βίαται.
ΣΙΜΩΝΙΔΗΣ ★

★ A aparência força inclusive a verdade. Simônides [Cerca de 520 a. C].

Nos últimos 20 anos

Nos últimos vinte anos, muitas coisas
tiveram seu princípio:
                      Uma lagarta
começou a comer o talo verde
de uma folha esculpida na parede
do edifício mais próximo.
                      Uma aranha
teceu e desteceu a sua renda
à espera da odisseia de um inseto
curioso.
              Um beija-flor impaciente
começou a amolar o longo bico
no metal do verão.
              (Recém-nascido,
um menino berrava o seu natal,
mijando indiferente.)

Entre greves, censura e terrorismo,
um relâmpago veio da internet,
riscou seu movimento, abriu um site
e se perdeu na pós-modernidade
do milênio.

Enquanto isso, o Amor mandava
seus e-mails (sem vírus), a sua flor
noturna, seu mistério, a sua arte
de escandir as vogais, tanger os signos
e esconder no cristal das consoantes
a iniciação da vida nova, o sal
do novo bê-á-bá, pronunciado
na mais pura ascensão da Poesia.

A escrita

Entre relâmpagos, trovões e nuvens espessas,
pesado de boca e pesado de língua,
teve medo de se virar e olhou de relance
a imagem do Nome impronunciável.

Enquanto isso o tempo aperfeiçoava o seu arco-
íris estendido pelos dois lados do mundo,
criava o seu carro de fogo, comia o seu próprio livro
e abria diante de seus olhos a ressurreição
do filho do homem num vale cheio de ossos e poeira.

Foi então que ele se curvou sobre a pergunta
e com o mesmo dedo que riscou por duas vezes
a dura pedra para esculpir seu desejo de justiça,
começou a rabiscar no chão a forma de uma escrita
que só ele pôde ver e soletrar, em sigilo.

Começava aí o desespero dos teólogos e exegetas
que se deixavam ofuscar pelo brilho da grande Luz:
da que vinha de fora deslizando pelo mundo
e da que vinha de dentro incendiando a pergunta
deste índio tupi a seu Tupã.

Inspiração

Para escrever um poema
prescindo de inspiração,
não é preciso nem tema,
nem amor, nem solidão.

Basta que o nome da musa
— gota limpa, ícone zen —
tire a saia, tire a blusa
e tire o resto também

e seja só a substância
a essência pura do sim,
a beleza, a ressonância
que vem dela para mim

no corpo nu, soletrado
letra a letra, som a som,
como um sol enunciado
na textura do entretom

para dar força e coragem,
para quebrar o jejum,
para fazer a dublagem
do melhor no mais comum.

Musa

1.

Vem, ó Μοῦσα, vem logo com teu charme,
traz inteiro o teu nome e teu segredo:
eu preciso de ti, vem encontrar-me
que te direi de cor o "Amor e medo".

Nem o amor se disfarça em pesadelo
nem o medo remói o sentimento
de um beijo, de outro beijo a inscrevê-lo
no sinal da baliza, no momento
em que a vida redobra de alegria,
como a canção de amor no fim do dia.

2.

Nem é preciso vir, manda o teu nome
e com ele virão a tua imagem,
a vida, o amor e o tempo que se some
na busca do melhor como linguagem.

Mas é preciso ir, inominado
e simples como o acaso me permite:
buscando sempre esse teu lado alado
que se oculta sem tempo nem limite.

Aí teu corpo é mais que corpo — a essência
do melhor, do mais belo, do mais puro:
a vida desdobrada e sem carência
navegando em si mesma no futuro.

Poiema

A Cláudia e Alberto da Cunha Melo

Por mais que eu busque a poesia
e queira sempre a coisa extrema,
só recolho no fim do dia
a construtura do poema.

Algo se perde, algo me falta
enquanto enfrento o meu dilema:
a nuvem sempre é bem mais alta
que a forma espessa do poema.

Pode a palavra estar vazia,
barca infernal que ninguém rema,
nem chega nunca à poesia,
naufraga inteira no poema.

E pode ser que, contrafeito,
meu verso tenha algum problema
de tom, de ritmo e até de jeito
na arquiternura do poema.

Experimento o poema em prosa
para me ver livre da algema,
mas descubro que o cravo e a rosa
nunca brigaram no poema.

Aí pergunto: Por que a teima,
tanto resmungo e ave-maria?
Não é melhor para o poiema
que ele seduza a poesia?

Indefinição

Para Olinda Kleiman

A poesia não gosta do visível,
do que se mostra e fala a todo instante:
ela parece abrir-se a outro nível,
esse que vai da pedra ao diamante,
o lado mais difícil, mais incrível,
por ser também escuro e cintilante.

O que se mostra a torna cotidiana,
transparente demais para ser bela;
a imagem meio opaca é soberana,
está sempre de guarda e sentinela,
embora oculte a sua filigrana
para ser vista inteira da janela.

A poesia se escusa, tem seu lado
de luz e sombra, abstrata e bem concreta,
tem seu presente ambíguo, seu passado
que dissimula a parte predileta
de quem, além de louco ou de inspirado,
tem de assumir seu nome de poeta.

Zircônio

Se algo me inspira, se algum verso escando,
se os pés deslizam pelo espaço, abrindo
o movimento lírico do bando
de nuvens na manhã que vem surgindo;
se um nome, mágoa e sol, sem onde e quando,
dança em ritmo de *jazz* até o fim
do que se vai aos poucos se alternando
em sombras e canções, no dia lindo;
e se em jambo ou troqueu, o corpo aceita
uma forma datílica, refeita
sobre a beleza helênica, *in fine*,
o que o faz transparente, a cada instante,
senão a nova luz, quase diamante,
no fundo verde-escuro da vitrine?

Gavetas

Não sei se Deus observa o que não faço,
o que se faz de ausência e de vazio,
que vai ficando à margem ou por falta
de tempo ou de emoção e desafio.

Há planos, há projetos, há desejos
que vão virando cinzas nas gavetas,
fragmentos ilegíveis nos rascunhos,
anotações, rasuras, silhuetas,

muitas horas perdidas sem retorno,
migalhas de esperança aprisionada
que Deus por certo observa taciturno
sem poder, arbitrário, fazer nada.

O fim do mundo

O fim do mundo começa no fundo do meu quintal,
nas sombras daquele muro de taipa que se eleva
até as nuvens e me obriga a imaginar o que estaria,
o que está do outro lado, nos limites ou no sem-fim
da forma inatingível — essa que o azul do tempo borda
ou disfarça no invisível das folhas da mangueira.

No entanto, estava escrito: Tudo acabará de repente
se eu não decifrar o provisório, o sentido do vôo,
a beleza mais pura e mais tranquila que desenha
e nomeia o novo mundo, *qui commence toujours
dans le jardin de Christine Borel.*

Concha

Para Christine Choffey

Tento buscar, quero encontrar a pérola
na concha de Fouras-Plouablazlannec.

Sei que devo tomá-la com cuidado,
oferecê-la a alguém ou dividi-la
pelos necessitados de beleza.

Talvez guardá-la apenas como símbolo
de um segredo intangível, reprimido
no covil de seu tempo e no desejo

de usá-la como adorno — um talismã
que anuncia no ventre veludoso
as formas de ternura e poesia.

(O azul da criação é peixe e carne
e o corpo do poema é seu rumor:
tudo o mais se disfarça no escarlate,
na reticência da palavra amor...)

Ars poetica

Você tem mesmo razão:
o poema deve ser e não ser,
assim como o homem
e sua linguagem diversificada
e autossustentável.

Largos são os caminhos do poema
e bem estreitos o da poesia.
Ou muitos são os poemas do caminho
e poucos os da poesia.

Muitos são os versos chamados
e poucos os recolhidos.

Em verdade, em verdade alguém me diz
que não há poesia fora do poema,
mas há muitos, muitíssimos poemas
fora da poesia.

A coisa

No início era tão grande, tão imensa
que a vida se nutria de infinito:
de seus dedos pendia o sol da crença,
de sua língua a lua do delito.

Tentou por muito tempo dominá-la,
reduzi-la ao caroço de uma fruta:
do centro do sertão veio outra fala,
sem a força da imagem absoluta.

Jamais a conheceu: cada sentido
articulou-a sempre de outro jeito:
forma de armar o tempo transcorrido
no ritmo da paixão dentro do peito.

No entanto, ainda existe, contagiante,
uma crença tão grande que a comprime
e vai sempre com ela, atrás e adiante,
como uma sombra estranha, mas sublime.

O poeta

1.

Vivia de brisa e de zéfiro.
Um dia lhe deu na veneta
contemplar o mundo
com óculos cor de prosa.

Percebeu então que era comum
na sua terra o desvio de verbas.
Fez o contrário: desviou apenas os verbos
regulares, irregulares e defectivos,
deixando os de ligação para a gramática
política do Planalto.

Depois de jogar muito com as palavras,
aprendeu a desviar-lhes os sentidos comuns,
a criar sentidos ocultos e sibilinos;
chegou a proclamar que tudo estava mesmo
era no jogo mágico das articulações
da língua, e da linguagem.

Hoje entende do riscado e do arriscado,
embora esteja sempre constipálido
e vivendo de verbos e de brisas.

2.

O que se exibe e me falta
em si mesmo se completa:
signo de musa mais alta
sinal de coisa secreta

seja de baixo ou de cima
seja do sul ou do norte
seja com rima ou sem nada
seja com gume ou sem corte

seja do mar o arremesso
seja do amor o elidido
seja do fim o começo
seja da morte o sentido

o que se exibe e me exalta
não me exalta nem completa:
simples sinal do que falta
à tentação do poeta.

Visa

Pelo visto e pelo não visto
o senhor precisa de *visa*
ou de uma vista de olhos, mas de esguelha,
para saber da sua cor
— roxa ou vermelha?
Com um pouco de verve,
é só abrir a geladeira do consulado
(qualquer marca serve)
e congelar os papéis do protocolo.

Só assim, com o formulário em dia,
é que a liberdade americana
permitirá que o senhor fique uma semana
no seminário de poesia.

Vírgula

uma coisa vadia como o vento
outra porosa e opaca como o vento
outra alegre e soturna como o vento
outra triste e gaiata como o vento
como o vento inconstante nos amores
como o vento fiel no seu destino
como o vento absoluto e relativo
como o vento no azul do descampado
tudo o mais como o vento imperativo
nada mais como o vento encadeado
natural como o vento e seu futuro
como vento girando mas sem rumo
subindo como o vento em remoinho
por dentro como o vento do soneto,

Gravura

Há quem apenas grava
ou registra o ruído,
a forma da canção,
o seu timbre e sentido.

Mas há quem busca a essência
(a matéria primeira)
e desenha a existência
da imagem na madeira,

não direta, no cerne,
no avesso que se imprime,
como faz Isa Aderne
jogando com o sublime.

Vis-à-vis

Eis que sinto, e sei, mas apenas vislumbro
um caminho a percorrer, cheio de curvas,
neblinas descansando na copa das árvores,
e muitos e muitos nós revelando a idade
dos grandes troncos deixados nas colinas.

Até onde se desdobrará este tempo,
cujo espaço já se encurva e cintila, horizonte
de franjas e expectativas?
                         Agora é sempre
uma forma de espera e a força de continuar
sem repetir, sem repetir.

Binóculo

Vistas de perto, as coisa são:
grandes pequenas amarelas grossas;
o céu, sustentado pelas árvores,
ignora a vastidão de seus limites;
o descontínuo, reticente e discreto,
pulveriza a realidade absoluta
num diálogo de sombra e clorofila.

Vistas de longe, as coisas são:
fibras troncos folhas ninhos insetos
(saudade dos versos de Bilac)
homens crianças mulheres fantasmas
a unidade de todos os fragmentos
clássico barroco pós-moderno
e do que há de vir, do céu, do inferno.

Psiu!

Suprimir as tonalidades do silêncio
e ciciar algum nome, enquanto um pássaro
invade as esferas do invisível
e o zéfiro se move nas franças das árvores.

Plumagem de sonhos palpitando nos dedos
penugem de esperança pesando nos olhos.

Agora não há mais silêncio que conjugue
nossos sentidos dilatados, enquanto só
deixamos de falar, e não calamos.

Triz

Cada dia descubro um triz do meu país:
bebo um pouco de uísque e, num papo informal,
tomo um pouco de sol, queimo um pouco o nariz
e começo a meter minha colher de pau.

Gilberto, você pode ainda se dar mal,
rimando deste jeito e versejando assim
com um fio de cabelo, o alexandrino, o escambau,
que o nosso modernismo está longe do fim.

É sempre bom saber que a crit'ca do jornal
só quer tratar de tema (e de pós-tema) em prol
de ventos mais sutis (de petróleo e cacau)
para tapar um pouco as fagulhas do sol.

E resta cada vez no oco de um pau oco
um pouco, muito pouco de poeta e de louco.

Pêndulo

Enquanto espero o que não sei
alguma coisa sai de dentro de mim,
embaça os meus óculos, enruga a minha pele
e percebe que o meu espírito está solto
com sua matilha correndo pelo corpo.

Todo dia assisto ao tiquetaque
de um relógio invisível, porque visível
no seu desejo de eternidade.

Rendez vous

Meu encontro com Deus talvez se faça,
talvez se tenha feito nalgum sonho
ou então se está fazendo pela graça
do tempo e da razão de que disponho.

É possível que um dia muito claro,
na transparência de uma luz intensa,
eu tenha percebido o sol mais raro
e encontrado no azul a minha crença.

E assim o vejo e vi ou sempre o vira
um sol noturno, que não vi direito:
uma forma de essência que antevira
noutro tempo verbal mais que perfeito.

O sujeito

Na sedução iluminista
o sujeito se via uno e oportuno:
a razão diante do amor
sem solução.

Na do século XIX, o sujeito
sentia a atração do social
e atuava dentro e fora
no bloco de carnaval.

Na da atualidade, descentrado
mas concentrado no *hic et nunc*,
o sujeito se sente livre e fragmentado
na confusão do baile funk.

Leitura

A Luciana Netto de Sales

Debrucei-me na tua janela
e olhei para fora, esperando:
era como se o capim e as árvores
me conhecessem pelo nome
e me apontassem a direção do vento.

Depois olhei muito para dentro
e fui-me dando conta de que a paisagem
parecia a mesma: o capim continuava
a subir pelo morro, mas alguém
já havia gravado o teu nome
numa árvore,
           agora invertida,
assim como é comum acontecer na vida.

Trilinguismo

Era um poeta bilíngue:
cambiava constantemente de sentido
em Moncloa.
Um teletipo, um estilingue,
um bodoque extensivo
de Madrid a Lisboa.

Era também trilíngue:
falava numa linguagem superfina.
E para que seus ramos vingassem
deixou por aqui uma folha de alface,
um sonido, um pouco da resina
do seu pau-brasil.

Dislalia

O poeta e seu verso conversa em zigue-
zague de azagaia torta e sem rumo.
Sem direito e esquerdo seu alambique
distila a melhor garapa de junho.

Garapa ou cachaça, o que mais se bebe
na boca da noite, chupando cana,
tem o som cortado de ʒ ou de f,
engenho de pó moendo a muamba.

Daí sua fala cheia de apócopes,
mastigando o freio, comendo o esterco,
animal sem língua no seu galope
indo e vindo só como se sem jeito.

Sabe prosear bem de trás pra frente,
em rincho e relincho, como esquipado,
cavalo de circo que só se entende
no pulo e corcovo e coices compactos.

Assim, ele crava a clava no caos,
as pontas dos dentes como se de ódio,
gaguejando duro pela palavra
mastigando o grude, porém sem glote.

Simplesmente

Não quero mais ouvir falar de poesia
antiga tradicional ou moderna
trovadoresca clássica ou barroca
arcádica romântica ou realista

Não quero mais ouvir falar de poesia
simbolista unanimista ou futurista
vanguardista cubista ou dadaísta
surrealista ou modernista

Nem de poesia
épica lírica satírica ou dramática
religiosa mística ou goliardesca
cósmica anacreôntica ou semiótica

e muito menos de poesia
bucólica cortês, popular ou engajada
abstrata concreta cinética pura impura
experimental visual sonora ou táctil

Quero é pedir como Mário Quintana
– Retire todos os adjetivos e estará
ressalvada a Poesia.
Eu quero a Poesia, simplesmente.

Biblioteca

A Selmo Vasconcellos

Durante anos — mais de 60 — foi alimentando
a ilusão de uma biblioteca de 30 mil volumes.
Ele queria possuir todos os livros
de literatura brasileira.

Todos os dias entravam livros em sua casa:
ele os recebia dos editores e dos jovens escritores
e também os comprava, vaidoso.
E lia, lia, lia — por atacado e a granel —
só pensando nalgum dia ter Raquel.

Os livros foram ocupando os espaços da casa:
salas, quartos, corredores, banheiros, paredes,
debaixo da cama, nos armários, na cozinha:
num sábado achou uma lombada de pergaminho
boiando na feijoada.

E lia, lia, mas já sem muito entusiasmo.
Sentia-se menor que os livros
até que teve uma ideia genial:
— Tenho de ser maior que eles. E começou
a classificá-los, a encaixotá-los e
a devolvê-los a seus autores.

Morreu feliz, rodeado de ácaros,
e espirrando como um bode velho.

Barra

Todo mundo tem sua cachaça, diz o poeta.
Mas penso que todo mundo tem é a sua barra
ou a sua birra, o seu limite e utopia.

Uns têm a barra de chocolate,
outros a da musculação.
Existem os que só querem a barra da saia
e os que vão parar na barra dos tribunais.
Há os que sabem que a barra do dia e-vém
e os que olham os navios saindo da barra.

Quando a barra está pesada
ou o técnico me barra na partida,
pego as minhas coisas e vou dormir na Barra,
meu recreio, meu limite e utopia,
meu passaporte para a poesia.

Rodapés

Ao pé da letra, ao pé do vento
colhia seus bens de raiz

•

Era um, eram dois, eram três, eram dez, eram cem,
eram mil e uma estória sem ninguém.

•

Procurava nalguma gruta,
nalguma grota do sertão,
o silogismo de uma ex-cripta,
um baixo-relevo de mão,
forma simbólica de escrita
gravada na pedra mais bruta
por quem queria circunscrita
alguma beleza absoluta.

•

Gostava das risadas argentinas
e das carícias uruguaias.

•

Tinha alguns amigos de infâmia

•

O poeta andava melalcólico

•

Era caquético e catequético

•

Depois de morto, piscou para a Darcy

•

Escrito na página do sonho
o poema se desfaz em sombra
e deixa apenas a memória
da beleza inatingida.

•

Et quod temptabam dicere versus erat,
mas nem sempre era poesia.

•

Um dia ela pediu que lhe pedisse
e voltasse a pedir quando negasse.

•

Provérbio: Enquanto o pau vai e vem,
folgam e gostam.

•

A tarde é meu pai
que vem chegando indeciso.

•

Gambira: Estou para o que der e vier:
Fiz um cavalo de pau na Praça dos Ciganos.

•

O poeta — esfinge e dor.

•

Eu vou fazer um poema
para aquela que mais quero.
pego as palavras, o tema,
conto de nove até zero,
viro tudo pelo avesso
e começo do começo.

•

Resolvi me informar. O Sr. poderia me dizer:
— Com quantos paus se faz uma canoa?
— Em que lugar Judas perdeu as botas?
— Quando as galinhas vão criar dentes?
— Qual a cor do burro quando foge?
— Qual é o dia festivo de São Nunca?
— Onde fica o quinto dos infernos?

Mas ninguém sabe de nada neste país
de mil e tantas maravilhas.

Dez poemas gregos

Linear B

Em DelΦos, a mão resvala
pelo umbigo do mundo
e, pela aspereza das pedras,
tateia a voz da Sibila
meio escondida na fotografia.

O que não se pode mais ouvir
é o conluio das máscaras,
o murmúrio da escrita
como uma fonte estranha nas ruínas.

Relincho

Mal o ônibus acabou de estacionar
nas bordas do abismo,
ele saiu correndo na direção do penhasco
e deu um formidável pontapé
nos contrafortes da montanha.

Os turistas o olharam admirados:
uns garantem que viram um jorro d'água,
outros apenas escutaram um relincho
no alto do Parnaso.

Helena

Diante da porta dos leões
no túmulo de Agamenon,
uma sombra veio vindo, veio vindo
como o verso de Drummond.

Era a sombra de Helena
que foi logo me contando
como deixou Menelau
preparando a hecatombe
e como chegou à Idade Média
pelas mãos de MefistóTeles
e como hoje — turista indiscreta —
passeia de mãos dadas com um poeta.

Tudo isso contado alto e a bom som
diante do túmulo de Agamenon.

Bósforo

Na volta da expedição
começaram a falar dos perigos
e a contar estórias fabulosas
daquelas terras distantes.

Um dos companheiros, de nome Orfeu,
pegou as tripas de uma ovelha negra,
esticou-as numa forquilha
e se pôs a cantar as peripécias
dos incríveis argonautas.

E vendo os bois nadando no estreito
imaginou logo o nome de Oxford
e anteviu os povos que chegariam à região:
húngaros, búlgaros, romenos
e um goiano em busca do tesão de ouro.

Metamorfoses

Da Acrópole, com os pés
roçando o comércio da Plaka
e com os olhos procurando
os vestígios de Péricles,
lançou seus raios sobre
os mascates da cidade.

Depois, saudoso, ficou pensando
nas mulheres que amou:
— Leda, Europa, Dánae
e todas essas famosas ninfas
da sua divina genealogia.

Do alto da Acrópole
tentou outra metamorfose
e se estatelou, clássico, no chão.

Epidauro

Para Kýra

A arquitetura de Policleto
é tão nítida que ainda se ouvem
as vozes dos atores declamando
Os sete contra Tebas.

No centro da arena os amantes
conseguem perceber o vulto de Quíron
ensinando à imagem austera de Esculápio
o ritual da incubação.

Enquanto na Via Láctea o Sagitário
expele os seus enxames em direção de Antares.

Homero

Na ausência da escrita, Homero
(o que amanhece todo o dia)
aprendeu de cor as lendas de Troia
e a poesia oral do divino Orfeu.

E, meio cego, tateando a luz de Apolo,
celebrou a divindade das musas
e recontou os mitos e as proezas
dos heróis micênicos.

Convocou os declamadores
famosos como Fêmio e Demódoco
e deu-lhes a incumbência de contar
algumas peripécias da *Ilíada* e da *Odisseia*.

Muito tempo depois, agora escritas
e recitadas pelos rapsodos, como Íon,
apareceu Platão para censurar a beleza
do que vem amanhecendo todo dia.

Atenas

Ando pela cidade, mas o meu pensamento
só se detém, fascinado, pela glória mítica
daquela deusa pré-helênica Αθήναι
que ensinou aos homens o valor das oliveiras
e com seus olhos brilhantes, de coruja,
penetrou o fundo profundo das coisas,
e, virgem, amou a paz e a guerra,
legando aos artistas, além da flauta,
a fabulosa dor de cabeça de seu pai.

Prefácio

Para a Augusta Faro

— Queria tanto que você prefaciasse
meu novo livro de poemas.
— Desculpe, não escrevo mais prefácio:
Estou cuidando agora dos meus versos.

Dias depois eis um postal da Grécia:
— Sabe quem vi de férias por aqui?
O velho Homero, ao lado de uma deusa.
Perguntou por você e lhe manda dizer
para não deixar de fazer o meu prefácio.

Ah musas! Ensinai-me algum remédio,
dai-me uma fúria de trovões e brisas
para eu fugir do inteligente assédio
das belas poetisas.

Hino aos poetas líricos arcaicos

Com os raios de *Paian* e as primícias de Orfeu,
o cinto de Afrodite e a perícia de Atená;

com as armas de Aquiles e as astúcias de Ulisses
as loucuras de Ajax e as seduções de Páris;

com a lira de Terpandro, Calinos, Mimnermo,
Tirteu, Alceu, Anaximandro e Baquílides,

convoco a assembleia dos líricos arcaicos
e peço aos que vierem exponham sucintamente
os fragmentos dos versos que ainda vivem
e as suas arengas no convívio com as musas.

•

Arquíloco (vii a.C.):

Sou um experto no dom amável das Musas.
Não me importam nem iambos nem prazeres. [...]
É que Zeus, pai dos Olímpicos, me outorgou
um dom egrégio. E eu mesmo dirijo o peônio
ao som da flauta de Lesbos.[1]

[1](Trad. G.M.T)

ALCMAN (VII A.C.):

Encham-me, Musas do Olimpo, a alma
com o amor de uma nova canção:
quero escutar a voz das moças entoando
para o céu um formoso hino. [...]

Musas de voz clara, que sabes muitas canções,
vem, Musa, tu que cantas sempre, e entoa
uma nova canção que as moças repetem. [...]

Vem, Musa, Calíope, filha de Zeus,
entoa amáveis palavras, e infunde
desejo no hino e graça na dança. [...]

Todas as moças que existem aqui
elogiam o que sabe pulsar a lira. [...]
E eu conheço o canto de todas as aves.

Safo (vii-vi a.C.):

Parece um deus o homem
que se senta diante de ti, e tão de perto
te escuta absorto falar com doçura
e rir com amor.

Isso, não minto, não, me sobressalta
o coração dentro do peito, pois quando
te olho um instante, já não posso
dizer nem uma palavra,

a minha língua fica gelada, e um fogo
sutil não tarda em recorrer minha pele,
meus olhos não vêem nada, e o ouvido
fica zumbindo, e um suor

frio me cobre, e um tremor me agita
todo o corpo, e estou, mais que a erva,
pálida, e sinto que me falta pouco
para morrer.

Estesícoro (vii-vi a.C.):

Musa, deixa as guerras de lado e canta comigo.
Apolo se deleita sobretudo com danças
e com jogos e canções.

SÓLON (VII-VI A.C.):

Cada qual se afana a seu modo:
há os que, iniciados em seu dom pelas
próprias Musas Olímpicas, nos alegram e comovem
com seu saber das normas da arte que agrada. [...]
Mas os poetas falseiam muito.

ÍBICO (VI A.C.):

Terás glória imortal, como será a glória do meu canto.

ANACREONTE (VI-V A.C.):

[Bebi] todo um jarro de vinho: pulso agora
a amada lira, delicadamente
festejando minha querida menina. [...]
Leucaspis, eu vou pulsando minha lira de vinte cordas;
eu pulso, e tu és jovem. [...]
Quem volta o coração para a juventude encantadora
e ao som dos agudos flautins entra na dança?

TEÓGNIS (VI–V A.C.):

Assim dirão todos: "Estes são os poemas
de Teógnis de Mégara, célebre em todo o mundo".
Não posso assim agradar a todos os concidadãos.
Nem admira, Polipaides: nem mesmo Zeus
mandando a chuva ou retendo-a, a todos agrada.

Xenófanes (VI-V a.C.):

Enquanto durar entre os gregos a arte do canto,
o amor será mais puro.

Simônides (VI-V a.C.):

Sem pena os deuses furtaram
a inteligência dos homens. [...]

Aves sem conta iam voando acima
da cabeça de Orfeu e, do fundo
do mar azul, iam saltando os peixes
ao ouvir o seu formoso canto. [...]

A aparência força inclusive a verdade.

[A pintura é uma poesia muda;
a poesia, uma pintura que fala.]

Píndaro:

Lira de ouro, que em comum governa
Apolo com as Musas de violadas tranças:
a teus acentos segue a dança, início da festa. [...]
E não te enredes, Amigo, nas astutas
ganâncias, porque só o lustre da glória
que o homem deixa atrás de si revela
a oradores e poetas
a vida dos homens que se foram.

Teócrito (iv-iii a.C.):

Olá, amigo, vem cá ouvir-nos.
Estamos discutindo qual de nós canta melhor
as canções bucólicas. E tu, amigo Mórson,
não me favoreças a mim,
nem te deixes convencer por este.

Calímaco (iv-iii a.C.):

Não canto nada que não seja real [...].
Detesto um poema cíclico e não aprecio
caminho por muitos trilhado.

•

Havendo cada um recitado seus versos
e defendido com ardor o seu estro sagrado,

a assembleia se esfez e se foram em silêncio
cada um com seu peso antigo na linguagem.

II — AS EUTOPIAS

Amœna loca dicta:
quod amorem praestant, iocunda viridia.

★
Papias

★
   "São chamados amenos os lugares agradáveis, verdejantes, porque preservam o amor".

Ruas

Morro abaixo morro acima
na subida e na descida
vou sem rumo (mas com rima)
pelas ruas desta vida.

1. Na Bela Vista ou na Suçuapara, tanto faz,
viu de relance a moça da rua Goiás.

2. Nas águas sujas, nas águas limpas
de Santo Antônio das Grimpas,
viu na rua Xerentes de Hidrolândia
o dia adolescente de Yolanda.

3. Na Aparecida o cataclisma
da bebida e da praça sem nome
se embrenhou no mistério da crisma
e do lobisome.

4. Em São João descobriu os livros
e, no largo da igreja, no balcão da loja,
bem antes do distrito de Braz Abrantes,
soube do amor como uma rosa.

5. Em Inhumas,
na rua cheia de sírias e ibiscos,
o novo amor encheu de brumas
o maiô da moça do circo.

6. Outra vez em Hidrolândia,
como cresceu a Yolanda!

7. Em Campinas, as meninas
da rua Tiradentes
lhe ensinaram a namorar
de trás pra frente.
Na Benjamin Constant
enfrentou o dilema
de estudar e escrever
o primeiro livro de poemas.
Houve tantas ruas, tantas mudanças,
tantos endereços,
mas nunca perdeu a esperança
nem viu jamais o mundo pelo avesso.

8. Foi em Goiânia, na rua CD,
que ele encontrou você.

9. Em Lisboa, na rua Braancamp,
leu com certeza o romance
da casa portuguesa.
Na de Entrecampos
os olhos do filho foram as divisas,
os pirilampos
nas noites de estudos e pesquisas.

10. Em Montevidéu
estava perto do céu
nos infinitos
de Pocitos.
Na Calle Eduardo Acevedo
a poesia de Drummond
teve lá o seu tom
de amor e de segredo.

11. Na Joseph Bloch
do Rio de Janeiro
a vida teve o seu estoque
no tinteiro e, como maravilha,
a poesia da filha.

12. Na Pompeu Loureiro
é bem o brasileiro
que passa o ano inteiro
tentando escrever seus livros
mas tendo os olhos violáceos
de tanto escrever prefácio.

13. Novamente em Portugal,
na Luís Pastor de Macedo,
saía muito cedo etc. e tal
para a universidade
e voltava compondo
o seu plural de nuvens, marimbondo
no coração da saudade.

14. Em Rennes, na Bretanha francesa,
no Quai du Roi Arthur,
encontrou a sutileza
de chegar, e partir.

15. Em Chicago,
na Lake Shore Drive
viu sobre o lago
o preto e o branco
cada um no seu barranco,
no seu racismo de raiva.

16. Ah! mas em Salamanca,
na Calle Vasco de Gama,
a rima se encheu de tanta
nasal, que acabou fanha
com um travo na garganta.

Morou em tantas ruas que as moradas
ficaram sendo as suas namoradas.

Namoradas

1.

a do convite da prima
a da escola primária

a da missa das seis
a da missa das oito

a da aula de canto
no canto do Liceu

a da primeira sessão
a da segunda e seu vão

a do passeio de bic
a do amor no piquenique

a que é mestra ou doutora
a bem casada e fiel
a viúva sedutora
a menina do bordel

a que vem fazer turismo
a que some de repente
a que gosta do ocultismo
e não larga mais da gente

2.

Gilda Moça do circo Yolanda Nilza
Diná Moça sem nome Vera Nilza
Edy Moça de Inhumas Lia Nilza
Célia Moça da zona Helena Nilza

Maria Maria Maria Maria Maria
(das Graças de Lourdes, do Rosário)
impossível caber todas no poema
só uma delas se fez no estatutário.

Foram tantas as musas, mais de nove,
e eu ainda nem tinha um automóvel.

Adolescente

Dou uma volta danada
para passar perto dela,
mas com seu jeito de sonsa
finge olhar pela janela.

Um dia desses, sem medo,
fiquei na porta a esperá-la,
mas com seu jeito de sonsa
nem sequer chegou à sala.

Mudo de tática e invento
novo meio de atraí-la,
mas com seu jeito de sonsa
se disfarça, bem tranquila.

Tento outra forma de enleio
e assobio a barcarola,
mas com seu jeito de sonsa
me acompanha na viola.

Para essa moça caçula
deixo uns versos na calçada:
e ela, com jeito de sonsa,
escreve embaixo: "Obrigada".

Curso

Passo por ela e sinto-a de passagem,
nuvem morena que no céu desliza,
o encantamento forte de uma imagem
que vibra aqui, no bolso da camisa.

Às vezes me parece ouvir na brisa
um suspiro, uma voz, uma mensagem,
o timbre de uma sílaba indecisa,
um pássaro que canta na folhagem.

Sei que o tempo parou naquele instante
em que passei por ela e, vacilante,
nem soube lhe dizer o que sentia

e sinto, inconsolado e reticente,
que não se agenda o amor que, de repente,
vai enchendo de luz meu dia-a-dia.

Fingimento

Fingia não me ver e, com frieza,
nem via que eu só tinha os olhos nela,
melodia de flores sobre a mesa,
relâmpago de imagens na janela.

O curso era um riacho na tabela
dos dias e semanas, a incerteza
das palavras não ditas e a cautela
em dizê-las nos gestos, e surpresa.

O que fazer depois, quando no fim
das aulas não se achar mais o sentido
da forma e sua aérea geometria?

Talvez alguém, me dando as boas-vindas,
perceba o que ficou — quase um gemido
flutuando em plena sala, já vazia.

Eólica

Esta noite sonhei que fui entrando
pela tua casa como um furacão.
Bem, esta imagem parece exagerada
e pode soar inverossímil.

Que tal um vento encanado
que passa pelas frestas
e vem rastejando
                      de mansinho
por baixo da porta
desses que zunem nas frinchas
e gostam de surpreender a gente no banho
depois de algumas peripécias?

Se isto te parecer também inadequado,
pode-se pensar num desses ventos
só de palavras, dessas que vão trepando
e equadrinhando tudo até chegar
na pontinha da orelha e cochichar
algumas dessas coisas que são capazes
de te levar à loucura.

Um ventinho de nada.

Sedução

Eis afinal alguma coisa nova,
diferente de tudo que conheço:
veio vindo no *zoom* como uma prova,
um gesto de perfil, no seu começo.

Seu corpo parecia dividido
entre a vida e o poema, jeito interno
de só trazer à tona o acontecido
como expressão do antigo e do moderno.

Percebi sua imagem numa bala
perdida, numa nuvem contemplei-a,
e vi que alguém nadava pela sala
em forma de mulher e de sereia.

Então eu vi como a beleza é tudo:
os olhos, o murmúrio e o sorriso,
o que ficou sem rima e conteúdo
só para me mostrar o paraíso.

Por que será, no entanto, que vacilo,
que finjo e que me esquivo, se no fundo
eu sei que não é só questão de estilo,
mas uma forte sedução do mundo?

O amor

Numa sala de espera o amor me espera e exibe
seu desejo de aventura: o amor é só astúcia,
doce esfera na solidão presente, e na futura.

O amor concebe a sua falta, altera suas formas
de tempo e conjectura e, antes que em dor
disfarce o que não era, me estende o seu vazio,
que tortura, que humilha e que fascina,
nesse piedoso céu e mar, e tudo
que me transforma a vida, suavemente.

O amor é isso mesmo: o sem-sentido,
o belo que se expressa e fica mudo
como se nada houvesse acontecido.

Chuva de molhar bobo

Fulana, você parece chuva,
não dessas chuvas de verão,
de vento e tempestade,
que derrubam casas, destroem pontes,
interrompem as comunicações
e fazem o mundo desabar
inteiro sobre nós.

Você parece chuva de junho,
dessas do dia dos namorados:
água que escorrega pelo corpo
e molha a gente por dentro
até encharcar alma e coração.

Esse tipo de chuva é mesmo uma dádiva
dos deuses. Não há impermeável
que a impeça de nos molhar
até a raiz da vida germinando.

Fulana, esqueci de trazer meu guarda-chuva.

Canção nasal

Viviane, vivi anos
na demanda do meu bem:
vinham sempre desenganos,
meu amor ficava sem.

Ou não ficava: se enchia
cada vez mais de amoção:
na esperança da poesia,
no desejo da canção.

E quanto mais havia luta
no seu silêncio e jardim,
mais a paixão, absoluta,
crescia dentro de mim.

E cresceu tanto, alastrou-se,
foi além do Ano-bom;
era amarga, ficou doce,
descobriu seu entretom.

E não quer entrar em pane
nem ficar no mais comum:
quer apenas, Viviane,
quebrar de novo o jejum.

Ballet

A Gleise

Teu nome dança na palavra. Acerta
o timbre das vogais e, a cada instante,
se faz gleba e glicínia, descoberta
de um gêiser no vapor da consoante.

É ele que reluz na letra L,
no corpo da mulher que, airosa e fina,
se exibe no poema e, pele a pele,
deixa no ar seu perfil de bailarina.

É dele que provêm a forma, o estilo,
a beleza sem fim e sem começo:
o segredo maior e mais tranquilo
para ser dito apenas pelo avesso.

Peixão

— Quanto dura uma paixão?

Uma paixão não dura nada, apenas
a eternidade simples de um sorriso
que, por ser belo, e possuir antenas
capta constantemente o paraíso.

Uma paixão é sempre um peixe grande,
uma alegria que se torna amarga
quando se perde a noite e, na manhã
de sol, se perde o anzol na linha larga.

Nem adianta, aí, mudar de isca,
cevar o poço e procurar no fundo:
o peixe da paixão é sombra arisca
na melhor pescaria deste mundo.

Ela não dura muito e, por ser peixe,
não dura na emoção, não dura nada:
se se perde no fundo, é sempre um feixe
de luz
      — alguma escama nacarada,
caco de vidro, areia no sol quente
que cintila e se apaga, de repente.

Viagem

1.

O tempo que me leva não me leva:
me deixa por aí, como um cascalho.
Se você pisar nele e, distraída,
não reparar em nada, nem na pedra
que de repente entrou no seu sapato,
como é que alguém um dia saberá
que fiquei por aí, pela metade?

— Uma parte se foi com seu orgulho,
outra ficou num simples pedregulho.

2.

Este poema é simples tatuagem
na pantera morena, forma escrita
na ternura dispersa na linguagem,
com fragrância de sândalo e visita
de alguma força interna nesta imagem
que vem de dentro do poema e habita
o corpo da mulher — o mar selvagem
que agita a praia oculta e favorita.

Ele é apenas um desenho lido,
a fera da palavra e seu rugido
gravado pelo timbre da emoção.
Mas ele — o meu sinal –, é mais que tudo:
o tempo em que o poeta fica mudo
diante do sim repercutindo o não.

Canção do jarro

Vazio, mais que vazio,
sem flor, sem vida, sem nada,
o jarro sozinho, vi-o
sem flor, sem vida, sem nada.

Perto do jarro (ou da jarra)
o esmaltado da bacia,
uma toalha sem barra
enxugando o fim do dia.

Mais perto a cor da cadeira,
a mesa com um retrato,
restos de coisas da feira
amontoados no prato.

Mais de perto alguns recortes
de poemas na parede,
o amor com jeito de esportes,
o fim da fome e da sede.

Depois o esmalte do jarro,
o cheiro do sabonete,
a vontade de um cigarro,
a leitura de um bilhete.

E o vazio mais vazio
da alma bem escancarada:
o jarro cheio de cio,
sem flor, sem vida, sem nada.

Sociality

Você pode ter o seu colunável
        o seu sequestrável
pode ter até o seu admirável
        (o seu abominável)
homem das praias, dos clubes, das boates
e até das neves de antanho
você pode ter tudo isso
mas não terá para sempre um poetável
a quem as musas e os carinhos
ensinaram os incríveis e volúveis
segredos de seu corpo.

Um homem que defendeu livre-indecência
sobre seus gostos e desgostos
e que pode muito bem criticar suas manias
de psicanálises (por exemplo)
e elogiar a sua força interior,
a sua graça espiritual
e seu jeito sem jeito de me pedir
que não vá embora.

Um homem que não vai na onda
e que não perde nunca a sua honra.

A casa

O amor também se arquiva lá na Casa
ou só se arquiva o fogo, mas sem brasa?
E a brasa volta à cinza ou quer ser hulha
e temperar a ponta de uma agulha?
E o projeto integrado no jardim
é sempre confidência sem ter fim?
Eu não confidencio coisa alguma:
deixo o barco correr por entre bruma..
Talvez, alguém escolha um canto escuro
e arquive o amor que já não tem futuro.

(Na leitura do texto, que ora faço,
desconfio de mim, como palhaço:
uma escrita no arquivo do tinteiro,
um sujeito sem sol e picadeiro.)

Receita dos 50 anos (de casado)

Beijar muito de manhã cedo
beijar de tarde
beijar de noite
a qualquer hora
como se tudo fosse em segredo

Andar muito (andar na linha)
não se perder nos problemas
não se matar nos poemas
não beber não fumar e comer pouco
mas dar de vez em quando uma voltinha

Fazer isto sempre com um talismã
com a alma cantando de alegria
como se a vida fosse mesmo um tobogã
na surpresa feliz do dia-a-dia.

Alquiminha

Num dia de muito sol no meu Rio de Janeiro
me dei conta de uma história de amor

Demorou a ser aceito como namorado
mas foi namorando foi noivando foi casando
foi trabalhando foi buscando a poesia
foi esperando o filho foi esperando a filha
foi vivendo foi viajando foi trabalhando
foi escrevendo e foi amalgamando
os segredos dos dias e das noites.

Com ela aprendeu a desfazer as cortinas do tempo
e a juntar o negro o branco o rubro e o âmbar do sol.

A vida lhes ensinou a calcinação a putrefação
a destilação a solução a conjunção e a sublimação
do corpo e do espírito. A transmutação dos elementos
eles a realizaram no equilíbrio do lar e na busca
da eterna juventude de amar e saber encontrar
no trabalho
              na esperança
                            e na iluminação
o ouro potável de suas bodas de ouro.

Improviso

Encontro aqui, nesta vereda,
um fiapo de seda.

Como está neste e noutro nível
é matéria invisível

que só pode ser refletida
pelo espelho da vida,

onde a imagem, fazendo ioga,
me contempla e interroga:

Quem o deixou? quem o perdeu?
Foi ela ou fui eu?

Quem o perdeu? quem o deixou?
o amor que se acabou?

Guardo de cor outro fiapo
neste poema de trapo.

Madrigal

Para Clarice Abdalla

Na carícia do veludo
eu de cá você de lá
e mais nada, ou tudo.

Só existe o entrelugar
no aroma, no que está
entre o amor e o amar.

Depois só outro espaço,
este desejo sem abraço,
esta forma de acontecer,
de amar, de morrer.

Beleza

But beauty vanishes; beauty passes
However rare — rare it be.
WALTER DE LA MARE

Existe uma mulher tão linda, linda
que mata de emoção a quem a ver.
Um dia morrerá. E negra tinta
cobrirá todo o céu no amanhecer.

Um dia a vi e amei e tanto, tanto
que, morrendo, escrevi por não morrer:
sua beleza há de ficar dourando
os versos que deixei no anoitecer.

Lilith

No mais alto do sonho, no terraço,
vendo a lua nascer por entre os flashes
que dançam repetidos na janela,

cresce o rubro desejo, noivilúnio,
corpo fendido em minha boca
(felino e lua negra de escarlate)

no ritmo do amor iluminando
as cenas renovadas nas paredes
desse quarto crescendo na memória.

Casal feliz

Ele — Ontem eu vi um disco voador.
Ela — Ontem nada, foi antes de ontem.

Ele — Plantei cinco pés de jabuticaba.
Ela — Cinco nada, apenas quatro.

Ele — O JN deu que o dólar está em alta.
Ela — Em alta nada só três pontos.

Ele — Acabei de escrever um conto
Ela — Um conto nada, uma crônica.

Ele — Por que você não vai para os pintos?
Ela — Para os pintos nada, para os quintos.

Ele — Acertou.

Formação da consciência nacional

"O sertão está quieto e sossegado"
Relatório do séc. xvii

É só ir expulsando os índios, matando se for preciso.
Acasalar-se com as bugrinhas e plantar alguma roça
para povoar e garantir a "legitimação" da posse.
Fazer santo de pau oco para esconder ouro e diamante
assim como os vice-reis andavam fazendo com a Coroa.
Fica desde logo instituída a lei do mais experto.

No início do século xx os seringalistas
punham pedras para aumentar o peso da borracha
e ainda hoje nas feiras se escondem as frutas podres
no meio das sadias para enganar os fregueses
e nalgum lugar do Distrito Federal
tudo se faz e se desfaz *et cœtera* e tal.

É assim que, vigilante e negro, de cima do rochedo
o corvo espreita o seu nigredo.

O estilo

É o homem (e a mulher), caro Buffon,
o verso refinado de Drummond
o ritmo no gramado e todo o rol
de *paparazzi* pressentindo o gol
tão esperado de Romário — mais de mil
na glória de seu nome, e do Brasil.

É a bala perdida e sempre achada
no peito da estudante "descuidada",
mas é também a bala-bumerangue
que retorna ao bandido puro-sangue,
impura reticência do distúrbio
nas linhas coloridas do subúrbio.

É a arte do sim pensando o núncara,
garantindo a eleição com asa adúncara,
jeitinho de encobrir com véu e rábula
e pôr dentro da cueca alguma fábula
ou lixo ou dólar, toda coisa lúbrica
que ninguém sabe nem viu nesta república.

O melhor é deixar toda estilística
e pôr de lado cada coisa mística,
não escrever nem ler, ser surdo e mudo
mas em silêncio ir anotando tudo
e guardar numa caixa ou num funil
para a futura história do Brasil.

Conto

Sebastião plantava arroz
e Jerônimo, seu nome:
é bem provável que os dois
morressem da mesma fome.

Um plantava, mas o chão
não se fechava por cima;
outro escondia na mão
a nuvem de uma obra-prima.

A esperança da colheita
tinha seu tempo e semente;
a obra de arte bem feita
era um futuro-presente.

Por mais que um repetia
seu plantio no cerrado,
o outro sempre descobria
beleza por todo lado.

Um penava suas penas
de fome, de sede e frio;
entre louras e morenas
o outro amava o desvario.

Mas num dia de verão
Sebastião perdeu a calma;
Jerônimo viu então
que havia perdido a alma.

O conto nunca termina,
há sempre um dia depois:
um vivendo sua sina,
outro teimando no arroz.

Sigla

As coisas acontecem pela simples
razão do acontecer. O pó do tempo
vai corroendo indiferente a página
virada numa esquina. Transparece
na linguagem dos homens, desafia
o pudor que ainda resta nalgum gesto
obsceno e aceita conivente o saldo
que ficou esquecido.
                Enquanto os livros
esperam pacientes seus leitores
de internet, os políticos mastigam
as suas próprias siglas já sem créditos,
anestesiando o bolso das famílias
num mesquinho ideal, ponto final, pt.

Os olhos

Os olhos querem sempre perceber
a alma das coisas, o sentido primeiro
que se perdeu na evangelização,
nos meandros sibilinos da campanha
que se enrola em si mesma, como um búzio.

Os olhos não desejam saber do jejum,
nem de esmola, da pastoral, nem de livros,
só querem saber da TV e da internet,
desse novo Zeus que se intromete
e perturba a direção do homem.

No talho

O mendigo passava, tornava a passar, olhava
para dentro do açougue, e suspirava:

— Ah! Essas fraldinhas, essas costelas, esses patinhos,
esses contra-filés, esses coxões moles, essas maminhas,
esses bifes do vazio, essas picanhas, essas caudas,
esses filés-mignons, essas alcatras, esses lagartos,
esses músculos traseiros, essas paletas, esses acéns,
essas pontas de peito, esses cupins!

E lambendo os beiços ia imaginando seu almoço,
enquanto o poeta lambia o nome do açougue em Portugal.

Opção

Chega um momento em que é preciso dizer *stop*,
ponto final, adeus, qualquer jeito de verbalização
do fim ou de um novo começo (ou ela ou eu),
de tudo que acontece, ou aconteceu.

O melhor é não ficar baratinado, não tropeçar,
carregar o andor sem cair em tentação,
mas se cair usar algum cicatrizante
e pôr esparadrapo no vão da alma,
no coração.

Isso pode ajudar a suportar a situação.

Travessão

o relógio me espia de cima da mesa
a mesa te espia de dentro do relógio

o poema me espia de dentro do tempo
e o tempo te espia de dentro da poesia

onde todas as coisas – o relógio a mesa
o poema o tempo a poesia a gaveta
e o próprio ato de espiar e ver –
têm seu jeito de amar e acontecer.

Torna-viagem

Mas o sinal do conto e da mimese,
a permanência incerta e seu sigilo,
seu murmúrio amarelo de polenta,
seus dedos enrolados, repetindo
os caranguejos mornos nas carícias
glosadas nos motéis?
                      Se alguém se engasga,
onde soluça o corpo repartido
por rotas e derrotas, nos meandros
mais simples, no saguão do aeroporto,
no recanto da vida, agora elíptica
como um pombo-correio sem destino.

De cócoras

Era um sujeito sério e tímido,
meticuloso como ele só.
Tinha a cor de burro fugido
e a paciência dos velhos jacarés
chocando o sol.

À noite colhia abóbora
e, de cócoras,
comia metigulosamente
as galinhas de angola
que cantavam fracas, fracas
no fundo do quintal.

Pontualidade

Passei a vida inteira chegando
na hora certa,
pontual como um grito do carnaval,
um dia de feriado,
a data do imposto de renda,
o aniversário de fulana.

Detesto os atrasos
da visita com hora marcada,
do aluno que se engana de endereço,
mas vivo sempre esperando
a carta que não chega nunca
e a loira Mega na cena que se adia.

Prece

É hora de abaixar a cabeça
e repetir humilde para dentro:
"Coração divino de Jesus,
providenciai."

É hora de levantar a cabeça
e mandar tudo às favas
porque já não há mais nenhuma
providência a tomar.

É hora de inverter o discurso
até das sombras dos relógios,
para se dar conta de que vão degolar
os últimos sobreviventes.

Aí então é hora de amar
nem que seja por fingimento:
O amor não conhece a diferença
e pode muito bem repetir:
"Coração divino de Jesus,
Providenciai."

Balador

— Dói-me a cabeça
me dói o ouvido
me dói a língua
me dói o dente
a campainha
o céu da boca
lábio nariz
tudo me dói.

Dói-me a coluna
me dói o peito
me dói o braço
me dói a mão
o cotovelo
o diafragma
ventre barriga
tudo me dói.

Dói-me por dentro
me dói o corpo
me dói a alma
me dói o espírito
a inteligência
o desespero
doença morte
tudo me dói.

Só não me dói
o que me rói
o que remoe
o eros do herói.

À maneira de

Não estou farto de nenhum lirismo comedido.
Se não é comedido, de resto nem é poesia:
são formas abstratas a serviço da tribo,
funcionário público diante do ponto facultativo,
soldado raso perfilado no quartel dos dicionários
ou no orco dos quintos do limbo da língua.

Sem arte e comedimento, sem recato,
a palavra não se torna verdadeiramente livre
e fica sempre à espera do transeunte,
— prostituta enfeitada na janela,
carne congelada nos açougues,
fórmulas de física e matemática
para uso interno dos especialistas.

Estou farto é dos puristas, meu caro Poeta!
da gramatiquice dos advogados e médicos
do calçadão de Copacabana
que vivem ensinando "um dos que foi / um dos que foram",
questiúnculas sebentas de Aldovandro Cantagalo.

Um dia desses — só de birra — irei a um colóquio
e pedirei a palavra para uma colocação pronominal:
– Senhores colocólogos, depois de muita pesquisa
resolvi o problema da colocação dos pronomes
na língua portuguesa! São duas regras básicas:

PRIMO — Leva-se em conta a significação
como na velha anedota do caminhão:
Ex.: Se ele atolou as rodas da frente, o certo é *"se atolou"*;
se as de trás, é *"atolou-se"*;
mas se forem as quatros, deve-se dizer: *"se atolou-se"*.

SECUNDO — É preciso ver a natureza do amor
e a entonação do interlocutor:
Ex.: Se for feminino, usa-se a próclise: *"Te amo"*;
no masculino, a ênclise: *"Amo-te"*;
Fica abolida a mesóclise.
E estamos conversados.

Glosa

*Nos contratos que tu lavras
não vi, Amor, valimento.
Só palavras e palavras,
feitas de sonho e de vento.*
Joaquim-Francisco Coelho

Quanto mais busco e rebusco
a tua forma contrata,
mais me perco, mais me ofusco
no brilho do ouro e da prata.
Mas há um timbre, um sonido,
nos silêncios, nas palavras
que me levam ao sentido
nos contratos que tu lavras.

Há tempo tenho da vida
a dimensão do mais puro:
a beleza pressentida
é meu clarão de futuro.
Mesmo sabendo do impasse
da sorte a cada momento,
nos sinais da tua face
não vi, Amor, valimento.

Em cada livro que leio,
do religioso ao profano,
teu nome se faz o meio,
o caminho soberano
de se chegar à poesia
das grandes minas, das lavras
de onde jorram noite e dia
só palavras e palavras.

Em cada coisa e linguagem,
em cada essência e limite,
o real da tua imagem
ganha relevo e permite
mostrar-se por entre as linhas
da vida e do pensamento:
revoada de andorinhas
feitas de sonho e de vento.

En la Armuña

A Ángel e Danielle

Posso passar a noite em Monterrubio
vendo a Grande Ursa, ouvindo a chuva, o vento,
alguns ruídos secos, algo dúbio,
arrepio de medo por tormento.

Posso sentir o frio do aposento,
imaginá-lo quente no conúbio
da lã da eternidade e do momento
em que a vida se estende sem distúrbio.

Só não posso deter o que se arrasta
por fora deste espaço, no restrito
da penugem de pêssego no chão.

Mas posso — ah! isso posso! — abrir a pasta,
tirar alguns papéis e ler o escrito
deixado pelo sol na minha mão.

Vida

"A vida é um vale onde se moldam almas".
KEATS

Quanto maior for o perigo e o medo
mais o homem revela o seu segredo,
a sua angústia de viver e o engano
de querer ser eterno e ser humano.

Tendo os pés sobre a terra ou sobre as águas
ou no lábio um sorriso, ou fundas mágoas
recolhidas, que pode haver para o homem
senão os desesperos que o consomem?
Cada instante de vida é sofrimento,
algo de amor que foge como o vento
perdido no oceano. A vida inteira
é gastar-se, é perder-se na carreira
do tempo que não pára e sempre foge,
fazendo do amanhã o dia de hoje
e arrastando este instante que se trunca
para o ontem do nada e para o nunca.

Que a vida, o amor e tudo quanto existe
de eterno e de beleza, embora triste,
tem a sorte do tempo ou tem a sorte
de cumprir-se no tempo, para a morte.
Assim, qual o interesse, a conveniência
de sonhar, fazer planos, ter ciência
e buscar a bondade, a perfeição,
se tudo se resume na ilusão
da Eternidade?
        Ou sempre este mistério
sondará o silêncio do homem sério
para dar-lhe a beleza de um motivo
de moldar seu destino, enquanto vivo,
porquanto o mundo — com seu bem, seu mal —
não é o crivo das almas, afinal?

Atlântico Norte, 13.01.1966.

Retalhos

1. Ele apenas buscava os ramos mais altos
enquanto afundava nas águas os remos dourados;
procurava escolher entre as frutas as rimas mais puras
e à noite, deslumbrado de estrelas, colhia os aromas
de outros rumos imperceptíveis no ritmo das horas.

2. Eu nunca digo laranja-lima,
e sim laranja da ilha
ou laranja ilhoa
assim como a minha mãe
dizia docemente.

3. Sempre ouvi dizer que o álcool faz mal à saúde.
Hoje tenho boa prova de que isto é verdade:
sofri o efeito nocivo de uma garrafa de whisky
que despencou de cima de uma adega improvisada.
Como bom futebolista, aparei-a no calcanhar:
salvei a garrafa, mas tive de operar o tendão de Aquiles.
De onde se conclui, silogisticamente,
que o álcool faz mesmo muito mal
ao futebol e à literatura clássica.

4. Arrancado — avulso –
da alma ou da gaveta:
o ermo e seu discurso
de algodão, ou seda.

5. O povo o joão-ninguém
o peão o cavaleiro
o barão o visconde
o conde o marquês
o duque o arquiduque
o imperador o rei
e o que ficou fora da lei.

6. Estou realmente desconfiado
de que as coisas não são coisas
coisa alguma.
          Acho que os filósofos
estão redondamente enganados
sobre a coisidade da Coisa ou do Coiso.

7. Eu vivi no final do segundo milênio
quando se falava em precatórios e em CPIs
quando tudo no governo se fazia
com sacanagem,
               segundo a imprensa.

Mas eu já havia vivido
na época em que os militares brasileiros
tinham medo de ideias e pensamentos
e aceitavam qualquer indicação de que fulano
era comunista e tratavam logo de prendê-lo
para preservar a legenda: *L'État c'est moi.*

8. Enquanto espero no Leblon
o mar vai e vem
o helicóptero parece um leptópero
um pernilongo de pernas curtas
que pica a perna da gente do Vidigal.

A moça passa comendo pipoca
o cãozinho corre atrás da menina
o vento faz cócega nas folhas do coqueiro
alguém fala alto no celular
e eu como batata frita
pensando na moça que não vem.

HIGH SCHOOL

9. A minha dificuldade com o inglês
vem desde os tempos do ginásio,
quando a coleguinha risonha me disse:
— A Aparecidinha manda lhe dizer *Ailô viú*.
Abobalhado, fiquei apenas pensando na viúva
que meu primo sempre visitava.

10. ÉTI(TI)CA ou a *ars* da cantada acadêmica

1. *O dito*
Seu trabalho está ótimo
verdadeira água de pótimo,
meio caminho para uma tese
ou para uma psicotese.
Pelo sim, pelo não
posso lhe dar orientação.

2. *O não-dito*:
(Lá se vai um de meus orientandos.)

11. Na ex-capital federal a metade
da população vive na praia
ou nos bares, tomando chope,
discutindo futebol, carnaval, mulheres
e contando sempre a piada da hora.

A outra metade, a que se diz culta,
discute — nas livrarias ou nos cafés;
fala de literatura, teatro, cinema,
mete o pau no escritor famoso,
elogia o escritor novo e discretamente
lhe pergunta se não aceitaria
um prefácio para o próximo livro.

Há quem diga que é por isso
que os paulistas trabalham muito mais.

12. É incrível como só em Carlisle, PA,
na conversa com um argentino e um espanhol,
é que me dei conta de que a história era bem outra,
isto é, a mesma que costumava ouvir
dos intelectuais goianos.

É como se tudo acompanhasse a rotação universal,
como se nada mudasse e fosse tudo
a mesma coisa, a mesma ideia, a mesma geleia,
a chatice da mesma mesmice.

O que ouvia entre os anos 50 e 60
continua a ser a palavra de ordem
dos intelectuais sempre comprometidos ponto com,
mas nunca verdadeiramente engajados
no material artístico dos poemas.

13. Apesar da sabedoria e dos pontos de fuga
da cachopa de Trás-os-Montes
que pontificou no congresso de literatura;
apesar do medievalismo da queima das fitas
na cidade engarrafada de automóveis
e de turistas, mas que não têm câmbio
a não ser de becos e vielas;
apesar dos muitos comes e bebes
e de muitas estórias da universidade,
não há como ignorar a beleza do Mondego,
e o feitiço das moças de olhos negros,
como a Filomena como a Deolinda
nos confins de outra história.

14. Amor da minha vida (morda morda),
meu dentinho de leite cariado,
com você aprendi a ver a cor
da tese defendida no mestrado
e descobri que o fato de ser "gorda"
não é o que me deixa contrariado,
e, sim, o de saber que nesse "idioma"
ela só vai servir para um diploma.

Ah morda a minha vida (morda morda).

EUFEMISMO

15. Na subida para Teresópolis
a natureza se enruga sonolenta,
enquanto, fálica, a Serra dos Órgãos
exibe o Dedo de Deus que aponta magnífico
para a nuvem que vai tomando
forma de mulher.

III — ÁRVORE DO CERRADO

"Um pau-terra copudo e retorcido."

AFONSO ARINOS

"Falta muito, falta quase tudo [...].
Tanto também não falou de outras árvores".

GUIMARÃES ROSA

Pau-terra

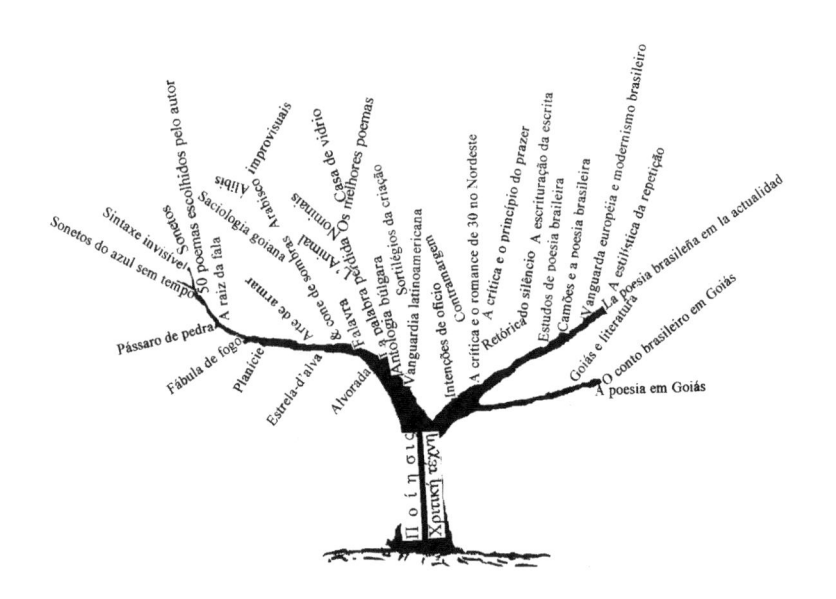

Tree branches (book titles):
- Sonetos do azul sem tempo
- Sintaxe invisível
- Sonetos
- 30 poemas escolhidos pelo autor
- A raiz da fala
- Sociologia goiana
- Alibis
- Arbítrio improvisuais
- Arte de armar
- & cone de sonttes
- Nominais
- "Animal"
- Casa de vidrio
- Os melhores poemas
- Palavra poética
- Sortilégios da criação
- Antologia búlgara
- Vanguardia latinoamericana
- Intenções de ofício
- Contramargem
- A crítica e o romance de 30 no Nordeste
- A crítica e o princípio do prazer
- Retórica do silêncio
- A escrituração da escrita
- Estudos de poesia brasileira
- Camões e a poesia brasileira
- Vanguarda européia e modernismo brasileiro
- La estilística da repetição
- A poesia brasileña em la actualidad
- Goiás e literatura
- O conto brasileiro em Goiás
- A poesia em Goiás

Trunk: Ποίησις / Χριτική τέχνη

- Pássaro de pedra
- Fábula de fogo
- Planície
- Estrela-d'alva
- Alvorada

Planície central

A Carlos Gomes de Carvalho

      O Estado de Goiás   O Estado de Mato Grosso
        Estado de Goiás   Estado de Mato Grosso
           de Goiás   de Mato Grosso
              Goiás   Mato Grosso
                GO   MT
                GØ   MT
                 G   MT
                   G
                M   T

A planície separa e também junta
os espaços do tempo na pergunta.

Ao longo do Araguaia o peixe-boto
não sabe distinguir nenhum nem outro.

Suas margens se espraiam, lado a lado,
para abraçar as siglas no cerrado.

Discurso d'água

o rego-d'água — seu cochicho de mágoa
o regato — seu movimento no mato
o cór(re)go — seu assobio de cobra
o riacho — sua conversa de macho
o riachão — sua prosa de *sertão*
o ribeiro — seu nhenhenhém de posseiro
o ribeirão — seu limite de expressão
o arroio — seu lengalenga *criollo*
o igarapé — seu sotaque de jacaré
o rio — seu silêncio e murmúrio
e seu sonho de mar, de *Paraná*!

No Araguaia

Dentro do rancho, na rede
eu via o rio passando
– por cima d'água as espumas,
um boto de vez em quando.

Acima, na gritaria
dos tucanos, das araras,
eu via as garças passando
no espelho das águas claras.

E mais acima, na tarde
que de fogo se cobria,
via a beleza passando
nas nuvens do fim do dia.

Via a distância, o desejo,
o que foi e tem sentido,
tudo cantava, passando
como um sonho acontecido.

Dentro do rancho, na rede,
eu vi o tempo passando
— por cima d'água o silêncio,
saudade de vez em quando.

Salvo-conduto

Há sempre um deus avulso
na carteira de um pobre
milionário. Seu pulso
marca o tempo e descobre
o Cronos absoluto
onde um anjo impossível
faz *up grade* invisível
sem um salvo-conduto.

•

No início, antes das verbas
ele dançava imberbe
nas moitas do cerrado.
Possuía apenas o hálito
e a penugem do corpo
misturando mudo
o princípio das águas
nas pedras e caminhos.
Aí fundou o mito
de outros deuses, dispersos
nas asas de um mosquito
nos ictos de alguns versos.

E pôde assim dançar
e esculpir nos paus-terra
o centro arquitetado
no coração do mundo.
Pintava o sete no ermo
das úmidas cavernas
e entoava a toada
do vento que cortava
as brumas do Planalto.

•

Ninguém duvida da lenda
nem do mito nem da saga:
por aqui houve fazenda,
muita manobra bem paga;
se houve terra devoluta
e grilagem e mão-leve,
há muita coisa indelével
que ninguém, vê, mas escuta.

In illo tempore

Nos áureos tempos, alguém atravessava
o mar vermelho da poeira e andava
entre as cordas da chuva, deslizando
pelo barro das ruas projetadas
na paisagem perdida do cerrado.

Naquele tempo ele foi multiplicando
as coisas do planalto: o Catetinho,
a NOVACAP e o Alvorada, enquanto
as levas de candangos se alojavam
esperançosas nos acampamentos.

Da esplanada dos ministérios, foi
fazendo o lago, os barracões e o *campus*
que deveria ser o mais moderno
centro universitário, logo entregue
ao mestre do sertão de Montes Claros.

Um jovem professor ali estava
para o início das aulas, quando o autor
de *Abdias*, gaguejando, perguntou-lhe,
querendo fazer graça, se em Goiás
havia estudo de literatura.

— Acho que não, mas lê-se muita coisa
tola, muita bobagem que se escreve
por aí. E aproveito a ocasião
para informar que não aceito mais
ser professor aqui.
       Volto a Goiás.

O pai

Entre a roça e Brazabrantes
(mais roça que cidade)
ele aprendeu a imitar na viola
o canto repinicado do sabiá.

Um dia, festeiro de São João,
encontrou no fundo de um depósito
os instrumentos enferrujados
de uma banda de música.

Enviou-os a São Paulo
para serem reformados.
Seis meses depois voltaram
brilhando feito ouro.

Entusiasmado contratou
um maestro para ensinar ao filho
os segredos da arte musical
e o sons veludosos da clarineta.

Só que o dente cariado desdenhava
tamanha pretensão artística.

Encontro

Meu pai, agora lhe peço
presença, fala, negócio,
essas coisas com que rezo
pedindo um encontro nosso.

Tão sério, quase intratável,
cismava enquanto bebia;
sem sorte, apenas jogava
o destempero da vida.

Gostava de seu torresmo,
de couve, milho, taioba;
tinha o seu lado travesso,
seu gosto pela viola.

Para agradar o menino
que viajava na garupa
fazia flauta, assobio,
dava pedaço de fruta.

E foi-lhe dando a esperança
de atravessar o difícil,
de não temer a demanda
nem o vau do precipício.

Mas por que não houve nunca
uma fala, um gesto, um jeito,
uma afeição mais profunda
representada sem medo?

Depois de sua viagem
sem retorno e sem sentido,
soube da sua prosápia,
de seu amor pelo filho.

Eis que lhe peço, meu pai,
a alegria de um encontro
para acender na minha alma
as lanternas de outro sonho.

Gambira

— Soube que o senhor está vendendo uma máquina de escrever. Gostaria de comprá-la para o meu filho que tem mania de escrever versos.

— *Io volio vèndere una Olivetti, Lettera, bellíssima! Bisogna terminare la chiesa de la Vila Coimbra.*

— Quanto está pedindo por ela?
— *Cento cincoenta mile lire, scusati, tré mila cruzeros.*

— O senhor não a trocaria por uma bicicleta Monark
bem conservada? Tem farol, campainha
e uma bomba de encher pneu.

— *Si può fare. Ma dipèndere daquello che me dai in più.*
— Volto uma garrucha de dois canos, niquelada.

— *Bene, accetto.*

Paródia

Existe no centro do Brasil uma região
banhada ao Norte pelos rios Paranã e Tocantins;
ao Sul, pelo Aporé; a Leste pelo Paranaíba;
e a Oeste pelo Araguaia.

Ali habitam três tribos mui civilizadas, mas que não se
reconhecem entre si:

a — a que vive fazendo ou pensando que está fazendo literatura;
b — a que vive discutindo se há ou não literatura na região;
c — a que não lê nem estuda, mas vive dando palpites nas
   discussões sobre literatura.

Enquanto isso, bem longe das tribos, em Platiplanto,
José J. Veiga aprecia a branquinha da região.

Parque de diversão

Naquele reino, pensavam que o poema
deveria ser politicamente correto.
Se não, não tinha nenhuma serventia
e não podia ser exibido nem louvado
pelos membros melífluos do grupo.

A maioria dos poetas e poetas (f.)
tinha lá os seus tiques e chiliques
e andavam a contrapelo
alisando o amor no cotovelo.

Quando apareceu o segundo livro do Gilberto
um co(m/l)unista disse que o título parecia
bosta de escritor novo detrás da bananeira.
— Ele só não sabia que a filha dele
gostava de lamber os estribilhos do livro
e de passear de *skate* pelos versos.

História

era um beijo de chuva
era um beijo de sol
germinando na curva
sem nível do automóvel

era um beijo de noite
era um beijo de dia
tão ousado de afoito
que azulava a gengiva

era um beijo de boca
era um beijo de língua
daqueles que atordoam
como um gole de pinga

era um beijo na parte
mais oculta do corpo
sensível como as aspas
da novilha no fogo

era um beijo de aceno
era um beijo escondido
que foi acontecendo
no seu gesto indeciso

era um beijo sem beijo
sem tempo sem espaço
mas de cair o queixo
da fêmea e do macho

era um beijo francês
na moça de Goiás
gosto de framboesa
com jeito de engenho e arte

Pitoresco

A Dulce

Pitoresco é tudo isso:
o ribeirão Suçuapara banhando os quintais
o cheiro do São José nas macegas das várzeas
o rumor dos buritis seguindo o curso d'água
o nome da cidade escandindo os horizontes
e o alfabeto das borboletas inventando
uma escrita de amor no pé de jabuticaba.

Bem perto, os cavalos pastavam
alguns segundos da eternidade.
Mas os olhos azuis da prima
continuam nesta rima.

De bico

Para Milda e Telles

Por sorte ou por azar
é minha vez de jogar:

Preparo o taco, negaceio
e canto o jogo num segundo
— Bola 7 na caçapa do meio.
— Bola 5 na caçapa do fundo.

Sou o artista que lança o verossímil
da jogada mais rara e mais difícil.

Mas quanto mais entusiasmado fico
mais me vejo na arapuca
de uma sinuca
de bico.

Fábula II

Havia muitas coisas esquisitas
naquele reino: a mais estranha
era o jumento de Apuleyo
disfarçado de cabra da peste.

À noite ele zurrava, zurrava,
pastando estrelas e sonhando rosas;
na verdade estava era fomentando
discussões sobre a melhor poesia
daquele reino, onde havia brisas e brisos,
e muitas mulheres-poetas,
mas bem poucas poetisas.

Dose dupla

Abrideira, Alívio de dores, Alma de Goiás,
Ambutana, Amor de Goiás, Amorena,
Artista, Aroerinha, Atitude, Beija-flor,
Benvinda, Biquinha, Boazinha, Boazu
da, Brinco de ouro, Cachoeira, Canar
dente, Canarinha, Calibre, Cristalina
do picão, Colonial, Canelinha, Cana,
Coquinho, Corisco, 51, Da diretoria,
Danicó, Da 20, Decisão, Douradi
nha, Erva doce, Espetáculo, Espíri
to de Minas, Flor de macaíba, Go
tas de ouro, Insinuante, Indaia
zinha Lua cheia, Lua nova, Lua
negra, Magia de Minas, Moça
de Goiás, Mulher de Goiás,
Xodó de Goiás, Magnífica,
Mandacaru, Moenda velha,
Néctar do cerrado, Norte de
Minas, Orizonita, Penis
silina, Pinga, Primeira
dama, Portal do cerrado
Preciosa, Providência
Pó, Puricana, Roxinha
Reserva do gerente
Rumo certo, 100 limite, Sagativa
Salinas, Sagarana, Alvorada, Seleta
Se sobrá, Velho Pescador, Volúpia

Anísio Santiago, Bento Velho, Caribé, Chico Mineiro, Claudionor, Dona Beja, Germana, Januária, João Mendes, Lúcia Veríssimo, Maria da Cruz, Monte Alto, Nega Fulô, Paraty, Rola Moça, Severina do Popote, Vale do Cedro, Velha Motinha, Brumado Velho, Branquinha, Pinga

"Di menor"

Que faz aqui: trabalha, estuda?
procura alguém? está perdida?
– Sou "di menor": eu quero ajuda
para trepar, subir na vida...

A vida, o amor, o azul etc.,
essa carícia que define
toda a emoção de quem soletra
o "di maior" de Jacqueline.

A outra

Encarregada de apanhá-lo no aeroporto,
ela exibia as letras garrafais:
      D. JUAN DE GOIÁS
e olhava curiosa os homens que saíam,
todos eles convictos de que haviam
deixado a morte para trás.

Ele fingiu não ver e foi passando
mas a voz o alcançou:
– Não estás me reconhecendo?
Não te lembras mais que me levaste
à meia-noite a ver as constelações
e a conhecer os enigmas da poesia?
Sou a Úrsula Maior, que sempre brilha
quando recorda a tua flauta
de veludo na virilha.

Fingindo não ouvir, foi abraçar
a musa já cansada de esperar.

Ser goiano

Ao Zé Mendonça

Ser goiano, por excelência,
é lavar o carro na rua e abrir bem alto
os alto-falantes, para que todos os vizinhos
saibam da potência de sua música *country*.

Ser goiano é ter coragem de dizer nos jornais
(seja quem for: poeta, crítico ou jornalista)
que o "soneto está superado", muito embora
nunca tenha feito um soneto que prestasse.

Ah ser goiano é ser um pouco de *boiano*
(imagem que tomo ao meu caro Brasigóis)
e trazer para a cidade na Pickup nova
tudo o que dá saudade a todos nós.

Provincianas

[*Ecos da* I *Feira de Milho do Cerrado*]

1. Não interessa o que ele falar,
o que se conta é a sua capacidade
de atrair gente,
ainda que seja jovem adolescente,
das escolas estaduais,
trazidos em excursão
para encher o salão
da Feira de Goiás.

2. Se eu citar no meu artigo
muita gente de fora,
não interessa que o seu pensamento
esteja em contradição
com o texto analisado:
o que se conta, pelo sim pelo não,
é o peso da minha erudição.

3. Se o escritor é de fora,
deve ser também fora do comum
o seu cachê
para que ele não fique pensando
que os nossos bois na invernada
não valem nada
sem a mídia ou a comédia da TV.

4. Nada de comparar o pagamento
de um escritor de fora com o de dentro:
o escritor local já ganha muito
em fazer parte do conjunto
em ser convidado como um pária
para a feira de zebus da Pecuária.

5. Outro figurão bem-pago:
— Falo, mas não admito nem aparte
nem pergunta:
a minha arte
é ver a boiada toda junta.

6. O produtor de milho, soja, fumo
e abacaxixi vai reexcitando
o grupo, a súcia, o bando, a célula,
e a perereca da mocreia.
E, abrindo as asas de libélula,
vai tateando
o volume dos homens na plateia.

7. Outra, sonsa,
mais poeta ruim do que poetisa,
faz de conta que não tem medo de onça,
mas vive assuntando a brisa
com um ramo de arruda na camisa.

8. O mais é a meninada
que não sabe de nada
que não quer nada
a não ser fazer nada
e encher o auditório.
E com o jeito simplório
dar no pé
mas antes vai pedir o autógrafo
ao escritor que ele nem sabe quem é.

9. Palestra do "poeta" do Rio de Janeiro
muito bem pago e que não fala nada,
mas bebe muito:
— *"Eu posso falar além do tempo que me deram?"*
— *"Eu posso falar mais um porquinho?"*
— *"Eu hig, posso hig dizer mais alguma coisa hig?"*
— "O senhor devia era parar de beber uísque e não dar exemplo ruim aos jovens que vieram excursionar aqui".
— *"O que eu gostaria de fazer mesmo era tocar uma punheta diante de vocês."*

10. Quando ele escrevia sonetos
nós já fazíamos versos-livres
brancos e pretos,
bem prosaicos,
embora inéditos,
mas onomatopaicos.

O fato de ele beber o vinho e o cuba-libre
e saber mastigar o sabor do gengibre
também não vem ao caso:
o que se conta hoje em dia
é fazer poesia
a curto prazo.

Epitáfio

Aqui jaz o Gilberto
como ele sempre quis
na sua hora — aberto
a tudo que se diz.

Delfos, 19.1.07.

E-mail

por artes do saci ou da internet
meu nome se encolheu — virou *gilmete*

para evitar o golpe da mão-boba
depois do nome colocar @

e continuar mas sem mudar de tom
a conexão de *globo ponto com*

como não gosto que me grite ou berre
nem é preciso digitar br

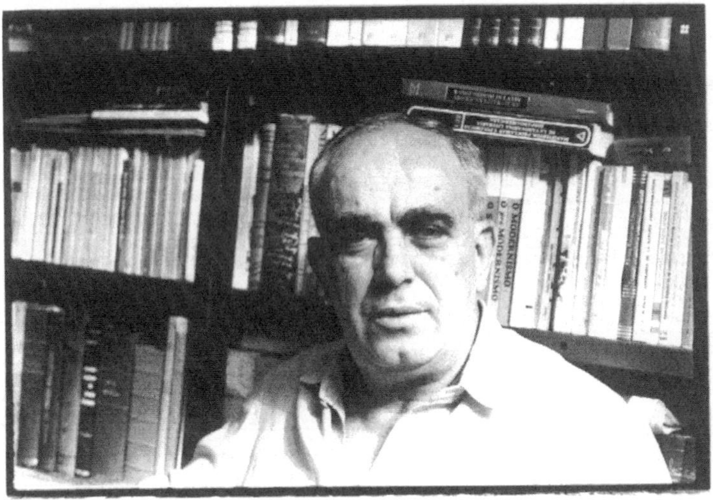

Biobibliografia

GILBERTO MENDONÇA TELES é de Bela Vista de Goiás. Reside no Rio de Janeiro há 39 anos. Professor Emérito da PUC-Rio e da Universidade Federal de Goiás, Professor (aposentado) da UFF e da UFRJ e Professor Honoris Causa da Universidade Federal do Ceará. Esteve como professor de literatura brasileira nas seguintes universidades estrangeiras: Uruguai, Portugal (Lisboa), França (Rennes e Nantes), Estados Unidos (Chicago) e Espanha (Salamanca). Conferencista em várias universidades, nacionais e estrangeiras.

É poeta e crítico, com mais de quarenta livros publicados nestas duas áreas e com os maiores elogios da crítica especializada. A sua poesia se encontra reunida em *Hora aberta*, 4^a ed., com 1.114 p. pela Editora Vozes em 2003. Entre seus livros de ensaios se destacam *Drummond, a estilística da repetição; Vanguarda européia e modernismo brasileiro* [19^a ed.]; *Camões e a poesia brasileira* (4^a ed. em Lisboa); *A retórica do silêncio; Escrituração da escrita;* e *Contramargem* I que lhe deu o prêmio "Juca Pato" e o título de "Intelectual do Ano 2002". Tem o prêmio "Machado de Assis", da ABL. Tem antologias poéticas na França (duas), em Portugal, na Espanha, na Itália, na Romênia, na Bulgária e nos Estados Unidos. Pertence à Academia das Ciências de Lisboa e recebeu do governo português a Comenda do Infante D. Henrique. Em 2006, saiu o livro *A Plumagem dos nomes: Gilberto, 50 anos de literatura*, organizado por Eliane Vasconcellos, 812 p. em homenagem ao escritor. "Medalha Jorge Amado" e o título de "O Intelectual do Ano" (Troféu Rio), outorgada pela União Brasileira dos Escritores (UBE do Rio de Janeiro), no seu Jubileu de Ouro.

Para ele, o poeta está sempre voltando às origens e sempre nos ensina que, brincando com as palavras, estamos aprendendo a brincar com a vida e com o mundo. Esta alegria de viver que ele passa a quem dele se aproxima — uma das marcas da personalidade de Gilberto — transparece em todos os níveis da realidade: no amor, na linguagem, no trabalho e na visão político-social, cheia de esperança para o homem brasileiro e para os destinos mais altos do Brasil. A sua obra tem sido estudada em várias universidades, com cerca de quinze teses de mestrado e doutorado defendidas e muitas já publicadas.

BIBLIOGRAFIA

I — OBRAS DO AUTOR

1. POESIA

Alvorada. Goiânia: Escola Técnica de Goiânia, 1955. Pref. do Autor. Capa de Péclat de Chavannes. 54 p. 2ª Edição, fac-similada. Goiânia: Academia Goiana de Letras, 2005. 110 p.

Estrela-d'alva. Goiânia: Brasil Central, 1956. Pref. do Autor. Prêmio Félix de Bulhões, da Academia Goiana de Letras. 78 p.

Planície. São Paulo: Revista dos Tribunais, 1958. Capa e ilustrações de Fr. Confaloni. Prêmio de Publicações da Bolsa Hugo de Carvalho Ramos, da Prefeitura Municipal de Goiânia. 102 p.

Fábula de fogo. São Paulo: Revista dos Tribunais, 1961. Ilustração de Fr. Confaloni. Prêmio Leo Lynce, da União Brasileira de Escritores – Seção de Goiás. 178 p.

Pássaro de pedra. Goiânia: Escola Técnica de Goiânia, 1962. Capa e desenho de D. J. Oliveira. Orelha de Jesus Barros Boquady. Prêmio Álvares de Azevedo, da Academia Paulista de Letras. 104 p.

[*Sonetos do azul sem tempo*]. *O Popular*, Goiânia, 1964. São XXII sonetos incluídos em *Poemas reunidos* e em *Hora aberta*. Não se fez edição em separado.

Sintaxe invisível. Rio de Janeiro: Cancioneiro de Orfeu, 1967. Foto do Autor por Luiz Prieto. 88 p.

A raiz da fala. Rio de Janeiro: Gernasa / INL, 1972. Capa de Vera Duarte. Pref. de Cassiano Ricardo. Prêmios: Secretaria de Educação e Cultura do Distrito Federal, V Encontro Nacional de Escritores (1970); Olavo Bilac, da Academia Brasileira de Letras (1971). 120 p.

Arte de armar. Rio de Janeiro: Imago, 1977; 2ª ed. *Idem*. Prêmio Banco Bandeirantes, da Sociedade Amigas da Cultura, Belo Horizonte (1976); Prêmio Brasília de Poesia, do XII Encontro Nacional dos Escritores, (1978). 92 p.

Poemas reunidos. Rio de Janeiro: J. Olympio / INL, 1978; 2ª ed. J. Olympio, 1979. 3ª ed. aumentada e com o título de *Hora aberta*. Idem, 1986. Capa de Eugênio Hirsch. Bico-de-pena de Amaury Menezes. Pref. de Emanuel de Moraes. Apêndice: "Itinerário Crítico" de 1955 a 1977. [É a 2ª ed. de todos os livros até então, com exceção de *Alvorada* e *Estrela-d'alva*, de que aparece apenas uma seleção de poemas.] 308 p.

Saciologia goiana[Livro de Cordel assinado por Camongo]. Guarabira, PB: Tipografia Pontes, 1980. Reeditado em *Saciologia goiana* com o nome de Camongo. 16 p.

Saciologia goiana. Rio de Janeiro: Civilização Brasileira / INL, 1982. Capa de Irene Peixoto e Márcia Cabral. Orelha de Mário da Silva Brito. 158 p. – 2ª ed. Em *Hora aberta* (3ª ed. de *Poemas reunidos*, supra). 3ª ed. Goiânia: Conselho de Cultura de Goiás, 1987. "Sacicatura" por Sílvio. Capa de Jair Pinto. 148 p. – 4ª ed. aumentada. Goiânia: Agência de Cultura Pedro Ludovico Teixeira, 2001. Fortuna Crítica da obra e Bibliografia Completa do Autor. Capa de Vitor Burton. 196 p. – 5ª ed. aumentada, na 4ª ed. de *Hora aberta*, infra. 6ª ed. Goiânia: Kelps, 2004. A mesma capa da 4ª ed. 204 p.

Plural de nuvens. Porto: Gota de Água, 1984. 112 p. 3ª ed. Rio de Janeiro: J. Olympio, 1990. Pref. de Telênia Hill. Capa de Joatan Sousa da Silva. Foto do Autor por Rosary Caldas. 95 p.

& Cone de sombras. São Paulo: Massao Ohno Editor, 1995. Capa: *Escrita*, gravura de Selma Daffre. Orelha do Autor. Foto de Elisa Hermana. 143 p.

Hora aberta. [3ª ed. dos *Poemas Reunidos*]. Rio de Janeiro: J. Olympio, 1986. Edição comemorativa dos 30 anos de poesia do Autor. Contém nota do Autor, reprodução das capas de seus livros, algumas partituras de poemas musicados, sombra de seu perfil e bibliografia completa. Prêmio Cassiano Ricardo do Clube de Poesia de São Paulo (1987); Prêmio Machado de Assis [Conjunto de Obras], da Academia Brasileira de Letras, 1989. 592 p. 4ª ed. aumentada com *Alvorada*, *Estrela-d'alva* e *Poemas Avulsos* (inéditos). Organizada por Eliane Vasconcellos. Petrópolis, RJ: Vozes, 2003. Pref. de Ángel Marcos de Dios. Cronologia da Vida e Obra, Iconografia, Fortuna Crítica e Bibliografia de e sobre o Autor. 1114 p.

Caixa de fósforos(Poemas Dedicados e Circunstanciais). São Paulo: Giordano, 1999. Prefácio do Autor. 112 p. 2ª ed. aumentada em *Hora Aberta*, 4ª ed.

Álibis. Joinville, SC: Sucesso Pocket, 2000. Capa de Vitor Burton. 110 p.

Arabiscos. Na 4ª ed. de *Hora Aberta*.

Improvisuais. Na 4ª ed. de *Hora Aberta*.

Linear G. São Paulo: Editora Hedra, 2010.

2. Antologia Poética do Autor

"Poemas de Gilberto Mendonça Teles". In: *Revista de Cultura Brasileña*, Madrid, nº 23, diciembre de 1967. Cubierta de Ángel Crespo y Gómez Bedate. 20 p.

La palabra perdida. Montevidéu: Barreiro y Ramos, 1967. 96 p. 2ª ed. *Casa de Vidrio*.

Falavra. Lisboa:Dinalivros,1990. Pref. de Arnaldo Saraiva. Capa de Ana Filipa. 148 p.

L'Animal. Paris: L'Harmatan, 1990. Trad. de Christine Chauffey. Pref. de Jean-Claude Elias. (Poètes de Cinq Continents). 82 p.

Nominais(Seleção de poemas de sintaxe nominal e visual). Vitória: Nejarim, 1993. Pref. de João Ricardo Moderno. Capa de Gonçalo Ivo. Apêndice Seleção de Estudos de José Fernandes sobre os poemas visuais do Autor. 120 p.

Os Melhores poemas de Gilberto Mendonça Teles. São Paulo: Global, 1993 Seleção e estudo de Luiz Busatto. 2^a ed. *Idem*, 1994. 3^a ed. *Idem*, 2001. 4^a ed. aumentada, *idem*, 2007. Pref. de Luiz Busatto. 356 p.

Sonetos(Reunião). Rio de Janeiro: Edições Galo Branco, 1998. Capa com retrato a óleo por Marcelo Batista. Pref. do Autor. Orelha de Fernando Py. 114 p.

*Casa de Vidrio.*Salamanca: Luso-Española de Ediciones, 1999. Trad. de Gastón Figueira e Dardo Eyherabide. Pref. de Ángel Marcos de Dios. Capa de Ana Maria Barbero Franco. Foto de M. Rosário. Nota do Autor. 134 p.

*50 Poemas escolhidos pelo autor.*Rio de Janeiro: Galo Branco, 2003. Orelha do editor. 116 p.

*Teologia de bolso.*Joinvile: Sucesso Pocket, 2005. Seleção e introdução de José Fernandes. 120 p. 2^a ed. Goiânia: PM / Kelps, 2009 [2010], 143 p.

Lugares imaginários. Antologia bilíngüe: português-búlgaro. Sófia: Universidade do Algarve, 2005. Seleção e prefácio de Petar Petrov. 176 p.

Plurale di nuvole/ Plural de nuvens. Antologia bilíngüe: italiano-português. Nápoli: Liguori Editore, 2006. 244 p. Seleção e introdução de Giovanni Ricciardi. Tradução de Carmen Pagliuca.

*La syntaxe invisible.*Paris: Éditions Caracteres, 2006. 124 p. Seleção, tradução e estudo de Catherine Dumas. Esta edição traz também os poemas de *L'Animal.* Paris: L'Harmattan, 1990, acima mencionada.

Poemas de G.M.T. em Neerlandês. Seleção e tradução de Yolande de Goes. (A sair na Bélgica).

3. Crítica / Ensaio

Goiás e literatura. Goiânia: Escola Técnica de Goiânia, 1964. 76 p.

A Poesia em Goiás. Goiânia: Imprensa Universitária da UFG, 1964. Capa de Maria Guilhermina Pref. de Domingos Félix. Apêndice: Índice Bibliográfico da Literatura Goiana. Prêmio Universidade Federal de Goiás. 536 p. 2^a ed. *Idem*, 1982, com título geral de *Estudos Goianos*, v. I. Foto de Rosary Caldas.510 p.

O Conto brasileiro em Goiás. Goiânia: Departamento Estadual de Cultura, 1969. Menção Honrosa do PEN Club de São Paulo (1970). 168 p. 2º ed. Goiânia: Secretaria Municipal de Cultura, 2007. 210 p.

La Poesía brasileña en la actualidad. Montevidéu: Editorial Letras, 1969. Capa de Mario Torrado. Trad. e Orelha de Cipriano Vitureira.136 p.

Drummond – a estilística da repetição. Rio de Janeiro: J. Olympio, 1970. Pref. de Othon Moacyr Garcia. Fotos do Autor e de Carlos Drummond de Andrade. (Col. Documentos Brasileiros). Prêmio Sílvio Romero, da Academia Brasileira de Letras (1970).202 p. 2ª ed. *Idem*, 1976. Capa de Mauro Kleiman. Apêndice: "Repetição ou Redundância?".216 p. 3ª ed. São Paulo: Experimento, 1997. Nota do Autor. Fotos de Carlos Drummond de Andrade, Joaquim Inojosa e do Autor. Capa de Ana Aly. 216 p. [A ed. inicial, mimeografada, com o título de *A Repetição: Processo Estilístico de Carlos Drummond de Andrade*, foi feita em Montevidéu, em 1967. 72 p.

Vanguarda européia e modernismo brasileiro. Rio de Janeiro: Vozes, 1972. Capa de Paulo de Oliveira.272 p. 3ª ed. rev. e aum. *Idem*, 1976. 384 p. 10 ed. Rio de Janeiro: Record, 1988. 448 p. 13ª ed. *Idem*, 2000. 446 p. Nota do Autor em todas as edições. 19ª ed., *Idem*, 2010, 638 p.

Camões e a poesia brasileira. Rio de Janeiro: Fundação Casa de Rui Barbosa / MEC, 1973. Pref. de Maximiano Carvalho da Silva. Prêmio IV Centenário de *Os Lusíadas* (1972); Prêmio Fundação Cultural do Distrito Federal, no VIII Encontro de Escritores (1973) e Menção Honrosa do Instituto Nacional do Livro (1974), 264 p. 2ª ed. São Paulo: Quíron / INL, 1976. Capa de Mauro R. Godoy. (Logos), 318 p. 3ª ed. Rio de Janeiro: Livros Técnicos e Científicos, 1979. (Biblioteca Universitária de Literatura Brasileira), 340 p. 4ª ed. Lisboa: Imprensa Nacional – Casa da Moeda, 2000. Acrescido de *O Mito Camoniano na Língua Portuguesa*. Nota do Autor. Capa de J. Bandeira. 488 p.

Retórica do silêncio. São Paulo: Cultrix / INL, 1979. 348 p.2ª ed. *Retórica do Silêncio – I*. Rio de Janeiro: J. Olympio, 1989. Fotos de Joaquim Inojosa, Mário da Silva Brito, Wilson Martins e o Autor. Capa de Rogério Meier. 396 p.

Estudos de poesia brasileira. Coimbra: Almedina, 1985. Pref. do Autor.386 p.

A Crítica e o romance de 30 no Nordeste. Rio de Janeiro: Atheneu Cultural, 1990. Orelha de Pedro Paulo Montenegro.136 p. Publicado inicialmente em *O Romance de 30 do Nordeste*. Fortaleza: Universidade Federal do Ceará, 1983. Organização de Pedro Paulo Montenegro. 212 p.

A Crítica e o princípio do prazer:Goiânia: UFG, 1995. *Estudos Goianos*, v. III. Óleo por: Waldemar Dias da Cunha. Capa de Laerte Araújo Pereira. 446 p.

A Escrituração da escrita. Petrópolis: Vozes, 1996. 2ª ed. *Idem*, 2001.440 p.

Intenções de Ofício(Sobre Poesia). Florianópolis: Museu / Arquivo da Poesia Manuscrita. 1998. [20 p].

Vanguardia latinoamericana. Co-autoria de Klaus Müller-Bergh (University of Illinois at Chicago). Madri: Iberoamericana, 2000. 5 v. Capa de Carlos Pérez Casanova. Já saíram os Tomos I [México y América Central], 2000, 360 p.; tomo II [Caribe. Antillas Mayores y Menores], 2002, 286 p.; tomo III [Venezuela e Colombia], 2004, 270 p.; IV [Equador, Peru e Bolivia], 2005, 352 p.

Contramargem.Rio de Janeiro: Loyola / PUC-Rio, 2002. Prêmio Juca Pato (Intelectual do Ano 2002), 376 p.

Sortilégio da criação.Discurso de posse e de recepção [Nelson Mello e Souza] na Academia Brasileira de Filosofia. Rio de Janeiro: Edições Galo Branco, 2005. 76 p.

Contramargem —II. Goiânia: Editora da Universidade Católica de Goiás, 2009.

O Mito camoniano. A sair pela Universidade do Porto, Portugal.

Entrevista sobre poesia. Rio de Janeiro: Galo Branco, 2009.

Discursos paralelos: Prefácios escritos pro GMT, em organização.]

Memórias entrevistas (O livro das Entrevistas), a sair.

4. Em Colaboração

Enciclopédia dos municípios Bras.. Org. de Rio de Janeiro: IBGE, 1965. v. XXXV, 456 p.

Antologia da literatura brasileira.Coordenação. Montevidéu: ICUB, 1967. v. 1 Prosa, 216 p.

Gonçalves Dias(Antologia). Planejamento. Montevidéu: ICUB, 1967, 74 p.

Seleta em prosa e verso de Carlos Drummond de Andrade. Textos escolhidos por CDA. Introdução, notas e estudos. Rio de Janeiro: J. Olympio, 1971. Capa de Gian Calvi. (Col. Brasil Jovem). 228 p.10ª ed. Rio de Janeiro: Record, 1995.240 p.

Seleta de Orígenes Lessa. Seleção, estudos e notas. Rio de Janeiro: J. Olympio, 1973. Capa de Gian Calvi. (Col.. Brasil Jovem), 198 p.

Seleta de Bernardo Élis. Seleção e estudo final. Rio de Janeiro: J. Olympio, 1974. Capa de Gian Calvi. (Col. Brasil Jovem), 180 p.

Tristão de Athayde: Teoria, Crítica e História Literária. Seleção, introdução e notas. Rio de Janeiro: Livros Téc. e Científicos / INL, 1980. (Biblioteca Universitária Brasileira), 594 p.

Poetas goianos – I; Século XIX. Seleção, estudos e notas. Goiânia: Universidade Católica de Goiás, 1984. Capa de José Eurípedes Rosa, 352 p.

Prefácios de romances brasileiros. Organizada junto com Ir. Elvo Clemente, Heda Maciel Caminha e Alice Terezinha Campos Moreira. Porto Alegre: Acadêmica, 1986, 234 p.

"Se souberas falar, também falaras".Antologia de Gregório de Matos. Lisboa: Imprensa Nacional — Casa da Moeda, 1989, 424 p.

Os Melhores poemas de Jorge de Lima. Seleção e prefácio. São Paulo: Global, 1994, 192 p. 2ª ed. *Idem*, 2001, 192 p.

Poesia completa, de Augusto Frederico Schmidt. Prefácio. Rio de Janeiro: Topbook, 1995, 696 p.

Os Melhores contos de Bernardo Élis. Seleção, introd. e organização. São Paulo: Global, 1995, 176 p. 2ª ed. *Idem*, 2001, 176 p.

Tropas e boiadas, de Hugo de Carvalho Ramos. 8ª ed. Organização, introdução e notas. Goiânia: Universidade Federal de Goiás, 1997. Capa de Omar Souto, 168 p.

Poesia completa, de Carlos Drummond de Andrade. Volume único. Fixação de textos e notas. Rio de Janeiro: Nova Aguilar, 2001, 1602 p. Há também a *Poesia Completa*, feita para a comemoração do Centenário. Rio de Janeiro: Aguilar / Bradesco Seguros, 2001, II v: 1600 p.

"O caminho que se bifurca", Introdução às cartas de João Cabral de Melo Neto a Ledo Ivo, por G.M.T., em *E agora adeus* (Correspondência para Ledo Ivo). São Paulo: Instituto Moreira Sales, 2007.

Bernardo Élis. Antologia para a série ESSENCIAL, dirigida por Antonio Carlos Secchin na ABL, 2010.

[...]

5. DISCOGRAFIA

O Jogo, musicado por José Eduardo de Morais. In: BARRA, Marcelo, MORAIS, José Eduardo de. *Coisas tão nossas*. Rio de Janeiro: Polygram, 1981. LP.

Viola goiana, musicado por Fernando Perillo. In: PERILLO, Fernando. *Sinal de vida*. Produção de José Eduardo de Morais. Goiânia: Flor do Cerrado, 1983. LP.

Recado, musicado por José Eduardo de Morais. In: BARRA, Marcelo, MORAIS, José Eduardo de. *Recado*. Rio de Janeiro: Polygram, 1984. LP.

Acaso, musicado por Fernando Perillo e Bororó. In: PERILLO, Fernando. *O Outro lado da lua*. Rio de Janeiro: Multi Studio, 1987. LP.

Viola goiana, musicado por Fernando Perillo. In: BARRA, Marcelo. *Somos Goiás*. Goiânia: Barra Produções, 1993. CD.

Viagem, À Margem, Rondó, O Jogo, Soneto, O Barco, A Noite, Eternidade, A Raiz da Fala, Redescoberta, Os Arrozais e O Ciclo, musicados por Ita K. In: KEIBER, Ita. *O Canto da fala*. Santa Rosa, RS: JTEC, 1998. CD.

Pavloviana, musicado por Dico KEIBER. *O Canto da fala*. Santa Rosa, RS: JTEC, 1998.

"Currículo, Declinação, Flautim e Despojamento, musicados por Ita K e Dico Keiber". In: KEIBER, Ita e Dico. *Cinco poemas musicais*. Brasília, DF: Compact Disc, 2001. CD.

No Escuro da pronúncia. 56 poemas em CD ditos pelo Autor. Introdução ao encarte de Maria Luzia Sisterolli. Goiânia: Agepel, 2001. Nova edição com 70 poemas. Goiânia: Instituto Casa Brasil de Cultura, 2009.

Pra Goiandira, musicado por Marcelo BARRA.. *Goiás*. Goiânia, Música Goiana, 2001.

Parlenda, musicado por Delayne BRASIL. *Nota no verso*. Rio de Janeiro: Compact Disc, 2003.

Inspiração, musicado por Pedro Luís e cantado por Ney Matogrosso em *Vagabundo*. Rio de Janeiro: Universal Music, 2004.

No Araguaia, musicado por Marcelo Barra, *2009*.

Feitiço, musicado por Andressa Nascimento (Euterpre), no CD *Batida brasileira*. Funarte, 2009.

II — OBRAS SOBRE O AUTOR
ESTUDOS, TESES E DISSERTAÇÕES

FERNANDES, José. *O Poeta da linguagem*. Rio de Janeiro: Presença, 1983. 158 p.

———. O selo de Gilberto Mendonça Teles. *Cadernos de Letras*, Cadernos de Pesquisa do ICHL, Goiânia, n° 9, p. 6-38. (Série Literatura Goiana). Número Monográfico. Goiânia: UFG, 1989.

———. A Palavra. FERNANDES, José. *Dimensões da literatura goiana*. Goiânia: CERNE, 1992. 156 p.

———. O Novo no Velho. In: FERNANDES, José.. *O Poema visual* (Literatura do Imaginário Esotérico da Antigüidade ao Século XX). Petrópolis, RJ: Vozes, 1996. 246 p.

———. Os Arcanos da Modernidade. In: FERNANDES, José. *O Poema visual* (Literatura do Imaginário Esotérico da Antigüidade ao Século XX). Petrópolis, RJ: Vozes, 1996. 246 p.

———. *O selo do poeta*. Rio de Janeiro: Edições Galo Branco, 2005. 352 p. [Contém a 2ª ed. de *O poeta da linguagem* e outros ensaios.]

DENÓFRIO, Darcy França. *O Poema do poema*. Rio de Janeiro: Presença, 1984. 216 p. Dissertação de Mestrado.

———. *Poesia contemporânea* GMT: o regresso às origens. Porto Alegre: Acadêmica, 1987. 92 p.

———. O luminoso tetragrama de Hora Aberta. *Caderno de Letras*, Cadernos de Pesquisa do ICHL, Goiânia, n° 7, p. 4-48. (Série Literatura Goiana). Número Monográfico. Goiânia: UFG, 1988.

———. *Lavra dos goiases. Gilberto & Miguel*. Goiânia: Fundação Cultural Pedro Ludovico, 1997. 133 p. Prêmio Bolsa de Publicações Cora Coralina da Fundação Cultural Pedro Ludovico Teixeira, em 1996.

———. *O redemoinho do lírico*. Ensaios sobre a poesia de Gilberto M. Teles. Petrópolis: Vozes, 2005. 370 p.

FILOMENA, Deolinda. *No Rasto das nuvens*. Lisboa: Lousanense, 1985. 76 p.

UNIVERSIDADE CATÓLICA DE GOIÁS. *Gilberto: 30 anos de poesia*. Goiân.:UCG, 1986. 142 p.

VIANA, Dulce Maria (org.). *Poesia & crítica*. Antologia de Textos Críticos sobre a Poesia de Gilberto Mendonça Teles. Goiânia: Secretaria de Cultura de Goiás, 1987. 712 p. Prêmio da União Brasileira de Escritores do Rio de Janeiro.

ANAIS DO V SEMINÁRIO DE CRÍTICA LITERÁRIA E IV SEMINÁRIO DE CRÍTICA DO RIO GRANDE DO SUL , com uma parte de homenagens aos 30 anos de poesia de GMT. Porto Alegre: PUC-RS, 1987. Artigos de: HILL, Telênia. A poetização da existência em *Plural de Nuvens*, p. 65-73. (Prefácio. *Plural de nuvens*. Rio de Janeiro: J. Olympio, 1989) e de FERNANDES, José. Arte e manhas de um poeta plural, p. 75-93.

CALLADO, Tereza de Castro. *Uma Nova ordenação do real na Poética de Plural de Nuvens*. Fortaleza: Universidade Federal do Ceará, 1991. Dissertação de Mestrado. 181 p.

LIMA, Maria de Fátima Gonçalves. *O Signo de Eros na poesia de Gilberto Mendonça Teles*. Goiânia: Universidade Federal de Goiás, 1992. Dissertação de Mestrado. 202 p. Prêmio Fundação Jayme Câmara, de Goiânia. Goiânia: Kelps, 2005. 140 p.

VASCONCELOS, Cléa Ferreira. *Gilberto Mendonça Teles*: crítica e história Literária. Goiânia: Universidade Federal de Goiás, 1992. Dissertação de Mestrado. 89 p.

BARROS, Marília Núbile. *De Carnaval a carnis levamen* (Estudo da poesia de Gilberto Mendonça Teles). Rio de Janeiro: Universo, 1998. Prêmio União Brasileira de Escritores de Goiás, 1983. 140 p.

SISTEROLLI, Maria Luzia. *Da Lira ao ludus: Travessia*. São Paulo: Annablume, 1998. 232 p. Dissertação de Mestrado.

———. *Os Álibis da Hora aberta*. Rio de Janeiro: Galo Branco, 2001, 222 p. Tese de Doutorado.

TURCHI, Zaíra. A Contraluz da Fusão Lírica. In: TURCHI, Zaíra. *Literatura e antropologia do imaginário*: uma mitocrítica dos gêneros literários. Tese de Doutorado, PUC-RS, 1999. 332 p.

MORAES, Emanuel de. *Amor e vida na poesia de Gilberto Mendonça Teles*. Rio de Janeiro: Galo Branco, 1999. 132 p.

ARAÚJO, Waldenides Cabral de. *Das margens do corpo ao corpo de linguagem*: a incorporação na poética de Gilberto Mendonça Teles. Recife: Universidade Federal de Pernambuco, 1999. Dissertação de Mestrado. 136 p. Rio de Janeiro: Galo Branco, 2009;

CENTRO ACADÊMICO DO DEPARTAMENTO DE LETRAS DA PUC-RIO. *Gilberto: 40 Anos de Poesia*. Rio de Janeiro: Galo Branco, 1999. 248 p.

ROSSI, Carmelita de Mello. *Uma leitura por Goiás: A Sa(o)ciologia de Gilberto Mendonça Teles*. Universidade Federal de Goiás, 2002. Dissertação de Mestrado. 112 p.

BRAGA, Jurema Coutinho. *Tradição e vanguarda na Poesia de Gilberto Mendonça Teles*. Centro de Ensino Superior de Juiz de Fora, 2004. Dissertação de Mestrado. 145 p.

SALES, Luciana Netto de. *As Janelas do invisível*: Uma leitura de *Álibis*, de Gilberto Mendonça Teles. Centro de Ensino Superior de Juiz de Fora, 2005. Dissertação de Mestrado. 108 p. Rio de Janeiro: Edições Galo Branco, 2006. 220 p. [?]

MACHADO, Neuza. *Criação poética*: Tema e Reflexão sobre a obra poética de Gilberto Mendonça Teles. Rio de Janeiro: Nmachado, 2005. 88 p.

VÁRIOS. *A Plumagem dos nomes* / Gilberto: 50 Anos de Literatura. Goiânia: Kelps / Secretaria Municipal de Cultura. 2006, 812 p.

PEIXOTO, Sérgio Alves. *A poesia pura em Gilberto Mendonça Teles*. Tese de Pós-Doutoramento na UFRJ, 2009.

Adverte-se aos curiosos que se imprimiu esta obra em nossas oficinas em 30 de junho de 2010, em papel off-set 90 gramas, composta em tipologia Walbaum Monotype de corpo oito a treze e Courier de corpo sete, em GNU/Linux (Gentoo, Sabayon e Ubuntu), com os softwares livres LaTeX, DeTeX, VIM, Evince, Pdftk, Aspell, SVN e TRAC.